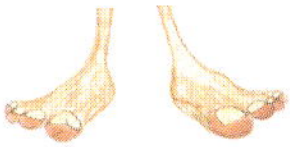

Waldheini

Mein Papa der Waldbär

(Moin Babba de Woldbär)

Für meinen Babba und meine Tochter.
Ein Buch für Generationen.
Die vor mir kamen und nach mir sind.
Mögen die Weisheiten und Erfahrungen anderen Menschen eine Bereicherung sein.
Für alle die im Leben mal an einem Punkt sind an dem sie nicht weiter wissen.
Mögen sie immer daran denken, dass es mindestens zwei Möglichkeiten gibt zwischen denen man wählen kann.
Und eine, an die man vielleicht noch gar nicht gedacht hat.

Die Personen, Charakter und die Handlung des Buches sind frei erfunden. Etwaige Ähnlichkeiten mit tatsächlichen Begebenheiten oder lebenden oder verstorbenen Personen wären rein zufällig.

Bianca Bauer

Waldheini

Mein Papa der Waldbär
(Moin Babba de Woldbär)

Synergia

1. Auflage, 2017
Veröffentlicht im Synergia Verlag, Basel, Zürich, Roßdorf
eine Marke der Sentovision GmbH
www.synergia-verlag.ch

Umschlaggestaltung, Gestaltung und Satz: FontFront.com, Roßdorf

Vertrieb durch Synergia Auslieferung
www.synergia-auslieferung.de

Printed in EU
ISBN-13: 978-3-906873-31-2

Bibliografische Information der Deutschen Bibliothek
Die Deutsche Bibliothek verzeichnet diese Publikation in der deutschen Nationalbibliographie; detaillierte bibliografische Daten sind im Internet unter http://dnb.ddb.de abrufbar.

Inhaltsverzeichnis

Gebet des Lebens

Du kommst aus dem Himmel zur Erde nieder.
Im Geiste gereift, wachsen Körper und Glieder.
Lernst atmen, dann laufen, fühlen, erleben,
erschaffst, und gehst weiter, nach Höherem streben.
Mal schneller mal langsamer, forderst du dich,
doch ist‘s nur der Weg, der zählt unterm Strich.
Hast alles erlebt, mit Höhen und Tiefen,
hast Seelen berührt, gelernt zu lieben.
Kannst du doch nur eine Seele spüren,
wenn du gelernt hast einen Menschen mit Herz zu berühren.
Neigt sich die eigene Sonne dem Horizont zu,
versinkt der Mensch in der Erde, zur ewigen Ruh.
Die Seele steigt in den Himmel zurück,
ist wieder ein Sternlein, vom Ganzen, ein Stück.
Das Leben auf Erden verändert den Stern,
durch das Berühren der Seelen, weiß, was er hat gern.
Ein Erdenleben gibt dem Sternlein seine Kraft,
die er nun einsetzt und über den einen Menschen wacht,
der unter seinem Schutze, die Liebe auf Erden findet
und so die Dunkelheit der Leere erkennt und überwindet.
In jedem von uns glänzt das Sternenlicht,
das alle Wesen hütet, schützt und nie erlischt.

* * *

1. Raus aus de Färrern du Woldbär!

Is en Woldbär eugeschlofe,
dutt der bis ins Frijohr pofe.
Wos er ned gonz dutt vegesse,
is des homlisch Nissjen fresse.
Homlisch is gonz schee unn gud,
bis die Hos em blatze dud.
Die Moral vun der Geschischd:
hoimlisch fresse lohnt sisch nischd.

„Waaaaaaschd Duuuuuuu schuuuuuun eeeeees neieieieieschdeeeeee Bäääääär?
S'is Friiiiiiijoooooohr! Aaaaallllaaaa, uuuuuffffwaaaache!“ sagte Hugo-Erich Schnegg, der persönliche, etwas kleingeratene Gartenschnirkel-Schnegg-Erich, Assistent von Waldheini.
Er gehört zu der Gattung der Bänderschnecken ist sehr klein und sitzt als treuer Berater und Wegbegleiter auf Waldheinis Hut. Dieser Hut war ein ganz besonderes Geschenk der Schönschnabel-Hühner, doch dazu ein bisschen später. Der ziemlich genau übersetzte Weckruf von Hugo-Erich Schnegg, könnte man so interpretieren: Guten Morgen, ich möchte Sie daran erinnern, dass die Frühjahrszeit begonnen hat. Ich bitte Sie höflich, Ihren Winterschlaf zu beenden.
„Ou mon, des wor a werrer glei rim, des bissje schlofe! Is die Onner a schun wach?“
(Ach herjeh! Der Winter war gleich vorbei. Ich komme mir vor als hätte ich überhaupt nicht geschlafen!?) brummte es unter dem dicken Fellberg hervor. Waldheini hatte einen unverwechselbaren Charakterzug, eine herzliche Direktheit.

So, wie ein echter odenwälder Bär eben war, fragte er Hugo-Erich Schnegg, seinen treuen Berater, ob seine Gattin Gennefeefa Schittelkerz bereits aufgewacht war.
„Die Onner“ war eine herzliche Modautaler Umschreibung für „meine Liebe“. So, oder so ähnlich. Diese lieb gemeinte Umschreibung beinhaltete auch eine gewisse künstlerische Interpretation.
„Oh weeeeeejh Hoiniii,“ murmelte Hugo-Erich, der es besser wusste als er sich das Bett und die leeren Nußschalen davor betrachtete. Hugo-Erich blieb beharrlich: „aaaaaalla, enuff Hoiniii, sss wääääääård Zeit uffzusteeeeeh!“.
(Los, Bär, steh auf, es wird höchste Zeit!)
Walheini kam vor langer Zeit, länger als man denkt, in den Modautaler Wald. Eigentlich nur, um zu schauen, ob man hinter dem Wald runterfällt. Damals glaubte man noch, dass die Welt irgendwo mal aufhören müsste. Dabei lernte er den Schnegg-Erich kennen. Waldheini war vom ersten Moment an in den Neunkirchner Wald verliebt. Die raumgreifende Grüne, die Sonnenstrahlen und nicht zuletzt die Bewohner des Neunkirchner Waldes eroberten sein Herz. Er fühlte sich zutiefst verbunden. Er wollte mehr über‘s Dälsche erfahren. Hugo-Erich Schnegg begleitete Waldheini bei seinen ersten Streifzügen durch‘s Modutal. Schneller als Waldheini lieb war, wurde es dunkel und er wusste nicht mehr was zum Modaudälsche dazugehört und was zum Nachbartal.
Hugo-Erich Schnegg wusste Rat. „Häääää! Hääääää! Hääääåbeeeeert!“ quälte sich rufend die arme Gartenschnirkelschnecke Hugo-Erich sich aus dem Laib.
„Bärt, bärt!“ kam etwas mit diesen Lauten zu ihnen geflogen. Ganz lautlos, dafür um so lauter.
Mit verzogenem Gesicht schaute Waldheini das kleine „bärtende“ Vogeltier an.
„Wos bist‘n du fern komische Kauz?“
(Mit welchem Geschöpf habe ich es denn hier zu tun!) fragte Waldheini, vor dessen Füß ein grizze grüner Vogel gelandet ist, der immer noch bärt, bärt huuute.

„Gestatten: Häbert! Ja, und sie haben ganz recht, ich bin ein Kauz. Kleingeraten aber wirklich komisch. Sie sind der erste der mich beim Namen nennt!“ huuute die kleine Eule.
Kurzum, Härbert der komische Kauz, mit viel Sinn für Humor bringt Waldheini sicher durch die Nacht und mit Sicherheit immer mal zum Lachen. Waldheini lief mit Hugo-Erich und Härbert auf den Schultern von Neunkirchen, nach Brandau, Allertshofen/Hoxhohl, durch den Wald nach Neutsch, am Buchteich vorbei nach Ernsthofen nach, Asbach, Klein-Bieberau/Webern über Herrchenroden und von dort aus über Lützelbach wieder zurück nach Neunkirchen.
„Wie soll isch mer donn merge, wo die Grenz vun unserm Dälesch donn long geht?“
(Wie soll ich mir denn merken, wo die Grenze vom Modautal entlangläuft?) fragte Waldheini Härbert. Härbert nahm einen Stock in den Schnabel und zeichnete Umrisse in den weichen Waldboden. Die Umrisse zeigten einen Bärenkopf. Hugo-Erich Schnegg und Härbert schauten sich mit großen Augen an. Denn in diesem Moment fiel es ihnen wie Schuppen von den Augen. So hieß es immer, dass irgendwann der Hüter des Dälsches kommen würde und von sich aus bleibt, weil er den Charm des Dälsches erkannte. Manche Dinge sind unspecktakulär. Manche Entscheidungen auch. So blieb Waldheini einfach nur aus Liebe zum Neunkirchner Wald im Modaudälsche. Waldbären, wie unser Waldheini einer war, sind die Waldhüter. Die Seele eines Tälchens und dessen Wälder. Sie leben auf dem höchsten Punkt des Berges und fühlen sich so richtig nur im dichten Wald wohl. Immer nach dem Winterschlaf erinnerte er sich an die ersten Tage im Modaudälsche.

Doch weit ab vom vielen Tatendrang, brauchte er im Frühjahr all seine Kräfte, um aus dem Frühjahrsschlaf aufzuwachen.
“Liewer Himmel, wos is donn des ver e gor schauderhaftes G‘sch-dommel?“
(Ach herjeh, welch schauderhaftes Geräusch dringt an meine Ohren?) brummte er und hob den Kopf Richtung Höhleneingang.
In dem Inneren der Höhle war ein mühevolles Ächzen zu hören, das ein sehr anspruchsvolles und unangenehmes Geräusch für feine Bärenöhrchen war.

„Greee-ääh, greee-ääh, greee-ääh", schallte es vom Wald in Waldheinis Unterschlupf.

„Ach! Is der aaa schunn uff?"

(Ach, ist der Typ auch schon aufgewacht?) brummelte Waldheini. Gilbert, der grächzende Waldwurm machte am Eingang des Unterschlupfs eine Verschnaufpause. „Tchch, tchch, tchtch!" ächzte er vor Atemlosigkeit.

„Is gut jetzt Gilbert, mir häwwe dich gehert!" foppte ihn Hugo-Erich Schnegg.

„Tchsehr witzchig, tchsehr witzchig!"

(Eine sehr gewitzte Bemerkung, Hugo!) behauptete sich Gilbert, der Waldwurm.

Immer wenn er aufgeregt war, zischten seine Laute beim Sprechen.

„Herzallerliebst! Gilbert, du bisd do!"

(Ach wie schön! Gilbert, du bist schon da!) Genefeefa Schittelkerz, Waldheinis Frau, war bereits wach und hatte sich eine ganze Weile in der Frühjahrssonne gewärmt. Sie bückte sich und ließ Gilbert, den grächzenden Waldwurm, vorsichtig auf ihre Tatze welljern (das Gegenteil von anmutigem Rollen).

„Genefeefa!“ Walheinis Stimme wurde sanft als die Bärendame die Höhle betrat. In diesem Moment, als er ihre Stimme hörte, kam Leben in das immer noch zusammengerollte Winterschlaf faule Fellkneuel. Mit einem Ruck richtete er sich auf und RATSCH, war es passiert.

„Liewer Himmel no! Awel is mer die Hos geblatzt!“
(Lieber Himmel nein! Eben ist mir meine Hose geplatzt!)
Es geschah alles viel zu schnell, um reagieren zu können. Waldheini stand völlig erstarrt, auf seinen Beinen, und es blitzte sein behaarter Hintern durch den großen Riss am Gesäß. Gilbert fiel vor Lachen von Gennefeefas Tatze.
„Wos'n hoorische Orsch!“
(Ich stelle fest, der Hintern wird von zahlreichem, dichtgewachsenem Fell umschmeichelt, beachtenswert!) brach es aus Gilbert hervor.
„Himmel noo, net des a noch! Fefie, gugg weg!“
(Um Himmels Willen nein! Nun auch das noch, Gennefeefa, bitte wende zügig deinen Blick ab) bat Walheini beschämt.
Kopfschüttelnd tappte Gennefeefa an Gilbert vorbei, küsste Walheini sanft auf die bunte Schnauze, und sagte mitfühlend, dennoch etwas schmunzelnd:
„Des bassiert jedem mol! Vor laurer Fell is nix zu säje! Alla, zieh die Hos e'mol aus, donn mach isch der se glei!“ (Ein solches Missgeschick, ist nahezu vielen passiert. Bitte beruhige dich, denn der dichte Fellwuchs verdeckt die heiklen Stellen. Wenn du so freundlich wärst und würdest die Hose ganz ausziehen, auf dass ich sie gleich reparieren kann)
bat ihn Gennefeefa.
Mit Augenmaß betrachtete sich Gennefeefa den Schaden.
„Seit wonn werd mer donn beim Winderschloof so fett? Haßd dess net, dass mer im Schloof dinner werd?“ (Wie kommt es, dass der Winterschlaf eine Gewichtszunahme verursacht? Es heißt doch, im Schlaf nimmt man ab?) wunderte sich Feefi.

„Aaach her doch uff! Isch häb beim Schloofe, so oig schnaufe misse, dass isch iwwer habt Lufd krigd häb! Des deweje sin mer do de dosch so veel Brustmusggel g'woxe." gab Walheini zum Besten. (Mein Winterschlaf war so anstrengend, dass ich Mühe beim Atmen hatte. Das feste Atmen hat das Wachstum meiner vorhandenen Brustmuskeln gefördert.)

„Brustchtmusggeln!" brüllte es vom Boden nach oben zu den Bären durch, Gilbert wand und schlängelte sich vor Lachen „Vom vielen Atmen, wachsen doch keine Brustmuskeln!"
„Geh fort, Woldbär! Im Läwe net! Du host die gonze Niss g'fresse iwwer Winder!" wusste Gennefeefa, die neben Waldheinis Schlafplatz einen Haufen leerer Nussschalen entdeckte.
(Wenn ich mich nicht irre, mein Lieber, erkenne ich an dem Berg leerer Nussschalen, den wirklichen Grund deiner Gewichtszunahme.)
„Alla, zieh deu Hos jetz aus, dass isch se mache konn." wurde Gennefeefa energisch.
(Bitte entkleide dich, lieber Waldheini, so dass ich dir diese Hose wieder flicken kann.)

„Isch bin der Hüter des Waldes!" erhob Waldheini seine Stimme feierlich und in verständlichem nahezu Hochdeutsch.
„Macht Euch herraus, äh … verlosst die Höhle. Der Hüter muss sisch entkleiden …" Waldheini versuchte in dieser eher erniedrigenden Situation, seine königliche Geste als erhabener Hüter zum Besten zu geben und um die Peinlichkeit zu übertünchen. Er richtete seinen Blick, wie ein König mit erhobenem Haupt, ins königliche Nichts und wollte mit viel Selbstsicherheit würdevoll seine Latzhose öffnen.

„Himmel, Arsch und Zwern!" (verflixt und zugenäht!)
wurde die Zeremonie von ihm selbst unterbrochen,
„Gennefeefa, mach mer mol die Hos uff!"
(Liebste, sei mir doch bitte beim Öffnen meiner Hose behilflich) mit gekonnten Tatzen öffnete Gennefeefa Waldheinis Latzhose in Sekunden, sagte dabei keinen Ton, sie kannte ihn.
„Mon reische mir ein Tuch, um die heikelen Stellen des Waldhüters zu bedecken!!" rief er, gekonnt feierlich.

„Isch mon, es det jetz longe! Säh mol zu, dass de die Knibbel aus‘m Fell krisd.“ sagte sie deutlich mit Abwesenheit von Geduld.
(Dein Theater reicht, bitte lass ab von weiterem erhabenem Getue. Und folge dem weisen Rat deiner Frau, bürste dein Hinterteil gründlich.)
„Liewer Himmel, die Hos is doschgewetzt! Wie soll isch donn des stobbe?“
(Ach herjeh, die Hose ist sehr verschlissen. Ich glaube, flicken kann man die nicht mehr) stellte sie fragend fest, als sie sich ins innere der Höhle entfernte, doch für den Waldheini noch hörbar.
„Mach en Eusatz in die Hos!“
(Wie wäre es denn mit einem Einsatz für die Hose?) rief er ihr hinterher.
„Isch muss em mol gugge, wie isch des mach …!“
(Lass mich mal über die Möglichkeiten nachdenken, um die Hose zu retten.) und sie war verschwunden.
„Hod die des donn noch gehert?
(Ich weiß nicht, ob sie meinen Vorschlag noch gehört hat.) fragte sich Waldheini.

2. Die nej Hos

Is die Hos erst uffgeresse,
is de Bär se digg gefresse.
Mer muss soche wie mer's gern wott ho,
sunst kimmt en iwwerzwärsche Träjer dro.
S Fefi wervechstel gern mol wos mer segt,
s macht nix sie pflegt unn hegt, des wos se liebt.
Bes soi konn mer er deshalb net,
schnell vegesse is, wos mer gern kat hed.

Nach einigen Stunden kam Fefi zurück, wie Waldheini sie liebevoll nannte. Mit einer neuen Hose unter dem Arm.
„Alla, schlubb e mol noj!"
(Probier sie mal an!) bat Fefi Waldheini, die ihm stolz seine neue Hose übergab. Waldheini hatte mühe, die Hose über sein dickes Winterfell zu ziehen, schaffte es nach einer langen Zeit mit viel stöhnen und ächzen.
„Auuu, des petzt Fefi! Die Hos is veel se eng!"
(Genefefa, ich habe das Gefühl, die Hose zwickt, ich glaube sie ist zu eng) protestierte Waldheini, während Genefefa den Sitz der neuen Hose überprüfte.

„Vaddersche, die bassd der, als hed's de nie wos onneres o kade!"
(Schatz, die neue Hose passt zweifelsfrei, als hättest du sie schon immer an) sagte sie zufrieden. „Alla, hock disch e mol he, und steig werrer uff! Die leefschd du schunn eu!"
(Bitte setze dich mal hin, und steh wieder auf, du wirst sehen, du läufst die Hose schon ein) ermunterte sie ihn.

Grummelnd setzte sich Waldheini auf einen schweren Holzhocker am Esstisch ihrer Höhle. Hilfesuchend, aber mit einem bestimmten Blick, streckte Waldheini Fefi die Tatze entgegen. Sie ignorierte diese Geste gekonnt!

„Jetzt mach, unn helf mer mol uff! AUF!"
(Bitte Fefi sei so nett und hilf mir aufzustehen, wobei für diesen Satz ein AUF im Orewald völlig ausreichend ist) Fefi rollte mit ihren Augen, doch noch bevor sie ihm ihre Tatze reichen konnte, um ihn aufzuziehen, begannen ihre Mundwinkel zu zucken. Ihre Bärenschnute verzog sich, weil es sie viel Anstrengung kostete, sich das Lachen zu verkneifen.
Ihre Augen wurden feucht und es brach ein herzliches Lachen aus ihr heraus. Verärgert nahm Waldheini Anlauf, um aufzustehen, doch der dicke Bärenbobbes (Bobbes = Hintern) schien wie angeklebt auf dem Holzhocker zu sein.

„Dunnerkeil! Helf mer jetz doch e mol uff! De Profeeed im eigene Lond wärd nie ernst genumme!" (Menschens Kinder, helfe mir hinauf, ich werde hier in meinem eigenen Hause nicht ernstgenommen) wurde Waldheini wütend.

„Wenn du beim Walduuffbasse a immer so guggsd, kenne die sisch vor lache a nemme hole!"
(Wenn du auch so ein Gesicht machst bei Aufpassen deines Waldes, brechen die Anderen auch vor Lachen zusammen) jauchzte Fefi.

„Wie gugg isch donn?" (Wie schau ich denn?) fragte Waldheini irritiert.
„Wie e Aschänsche!" (Wie ein Eichhörnchen), sagte Fefi, aber ihre Stimme klang sehr liebevoll.

Sie hielt ihm die Tatze hin und zog ihn zu sich. Für einen Augenblick schauten sie sich an. Das Lachen verstummte. Fefi legte ihren Kopf auf Waldheinis Schulter und kuschelte sich an seinen dicken Bärennacken. Auch Waldheini umgriff Fefi behutsam. Es war ein sehr inniger Moment. Denn solche Momente, in denen man weiß, was man an sich

hat und dass man solche Reibereien nur mit einem Orewälder Bären haben kann, den man von Herzen liebt, machen dankbar.
„Ge Moje moi Mädsche!" (Guten Morgen, meine Liebe!) sagte Waldheini und gab Fefi einen ehrlichen Schmatz auf ihre Bärenwange. Sanft strich sie ihm über sein Ohr zur Wange, ergriff seinen Kopf und küsste ihn auf die Stirn.
„Ge moje moin Brummel! Ich wünsche der vun Herze e wunderbares Johr!" sagte sie warm.

Sie lösten die Umarmung, und Fefi wollte etwas Warmes zu Trinken machen, als es Waldheini entfuhr „Ohu weija! Die Hos rutscht!" (Ach du lieber Himmel, meine Hose rutscht!)

Fefi rollte mit den Augen und erklärte: „A des sog ich doch schun die gonz Zeit, dass die Hos sisch euleef! Dodefer häb isch doch den Hoseträjer drogeneht, wie du's gewolld hosd! Dreh disch emol rimm!" (Ich habe dir doch gesagt, dass sich deine Hose einlaufen wird! Für diesen Fall habe ich dir den Hosenträger dran genäht, den du wolltest. Bitte drehe dich mal herum, dass ich ihn dir zumachen kann.)

Fefi machte sich an Waldheinis Hose zu schaffen. Schupps, da flog etwas an seinem Kopf vorbei und Fefi machte einen einzigen Träger an der Vorderseite der Hose fest.
„So, jetzt sitzt se wärklisch gut!" (So, nun sitzt die Hose wie angegossen!)
„A wos hosd de donn do zumme geraaalt?"
(Kannst du mir mal bitte sagen, was du da so kunstvoll zusammengenäht hast?) stammelte Waldheini fassungslos. Ungläubig schaute Fefi ihn an.
„Die Hos hot jo nur on Träjer?" (Die Hose hat ja nur einen Träger?!) stellte Waldheini fest.
„Du host's doch so gewollt!" (Du hast es so gewollt!) verteidigte sich Fefi.
„A geh fort! Isch häb doch g'sod isch will die old Hos behole un du sollsd en Eusatz noi mache!"
(Bitte entschuldige, Liebes! Aber ich wollte meine alte Hose behalten, deshalb solltest du einen Einsatz in die Hose machen) stellte Waldheini richtig.

„En Eusatz in die old Hos? Du wolld doch e Eunlatzhos! Des wor doch klor, dass die old Kordhos dosch gewetzt is. Der Stoff hot doch gor nimmej …!"
(Einen Einsatz in die Hose? Du wolltest eine Einlatzhose! Das war doch klar, dass die alte Hose durchgewetzt ist) überlegte Fefi.

„EINsatz in die Hose, nicht Einlatzhose, Weib!"
(Einen Einsatz solltest du in die Hose machen, nicht eine EINLatzhose, liebste Frau!) platze es aus Waldheini hervor. Er ließ ab, es hatte keinen Sinn. Es war nicht das erste Mal, dass Fefi etwas falsch verstand. Sie warf öfter mal Buchstaben oder ganze Wörter durcheinander. So kam Fefi auch zu ihrem Nachnamen, „Schittelkerz", der normalerweise Kittelschürze heißt.
„Ach so! Äwwer sie erfillt doch ehrn Zweck, sie helt doin Bobbes worm!"
(Ach so, ich verstehe. Doch schau, sie erfüllt ihren Zweck, sie hält schließlich deinen Hintern warm) Mit diesen Worten war das Thema „Einlatzhose" für Genefefa Schittelkerz abgehakt.

* * *

3. Die bund Nos

Die Quelle zart und rein, entspringt aus tiefer Erde.
Sie weiß dort oben nicht, wo sie mal enden werde.
Am Anfang aller Dinge, wohnt ein Zauber zart,
der das Wasser dort hin bringe,
wo es schützend aufbewahrt.
Durch wie viel Ecken muss es fließen,
unten durch und oben drüber,
fließt das Wasser hin, wie es kam, so geht es wieder.
Kleine Quelle, fließe fein, halte alle Wesen rein,
die Wasser brauchen, um zu leben,
im letzten Sinn bist du es nur, die kann Leben geben.

„Isch glab, der Wäg werd vun Johr zu Johr länger, unn a steiler. Heilischer Hosebäjg!"
(Ich glaube, der Weg wird von Jahr zu Jahr länger, und steiler. Heiliger Hasenberg!) murmelte Waldheini vor sich hin. Er beobachtete das Moos unter seinen großen Tatzen, während er lief.
Wie jedes Jahr besuchte er gleich nach seinem Erwachen die Modau-Quelle. Das samtweiche Moos gibt unter Waldheinis großen Tatzen nach. Es ist noch ein wenig feucht, aber nicht kalt. In fester Struktur und fest verwoben, gibt es jedem Halt, der auf ihm mit Bedacht umhergeht.
„So wärd des soi, als wenn mer uff Wolge geht ..."
(So wird es sein, wenn man auf Wolken geht ...) spürte der drollige Bär in das tiefe Grün hinein. In der Nähe des quirlenden Wassers der Quelle, liegen weiter unten zwei große Steine. Der Zwischenraum ist mit Moos ausgebettet. Dort lässt er sich nieder. Es will nicht so recht klappen mit

dem Hinsetzen wegen der neuen Hose. Waldheini muss sich nochmal auf die Seite drehen, und noch ein Stück weiter, bis er auf allen Vieren vor den Felsen kniet.
„Einlatzhose, ow Fefi … eulafe det se sisch, … gut, vum Sitze hot a koner wos g'sod. Himmel Ar… und Zwern, wos petzt donn do so erbämrmlsch in moi Ribbe?"
(Einlatzhose, oh Fefi, … einlaufen würde sie sich, … gut, sie sitzt gut. Aber Himmel Popöchen und Zwirn, was zwickt mich denn so sehr in meinen Rippen?) motze er vor sich hin.
Er ruckelte und zuckelte unbeholfen an seiner Hose. Wirklich helfen tat es nicht.
„Darf ich?" fragte es sehr höflich und mit einer eindringlichen, schönen Stimme.
„A-jo!"
(Natürlich!) sagte Waldheini und blieb einen Moment regungslos auf allen Vieren, in Richtung Felsen kniend.
Mit einem beherzten Zupfen löste jemand Etwas von der Sitzfläche der Hose ab.
„Nun, nimm doch Platz, mein guter Waldbär. Ich freue mich sehr, dich zu sehen!" Waldheini wusste seit der ersten Silbe, wer zu ihm spricht. Die Hüterin der Quelle. Beim Niederlassen auf das Moos sah er, wie die mächtige Drachendame zurück auf ihren Felsbrocken flog.
Erhaben thront ein mächtiger Drachen auf dem Felsen, dort wo die Quelle sachte an die Erdoberfläche quirlt.

„Immer werrer beeudruggend!"
(Das beeindruckt mich immer wieder) staunte Waldheini.
„Du alter Schmeichler!" grinste die weiße Drachendame.
„Ach gugg emol do! Die Blimmschen, wie schäj"
(Ach schau, die schönen Blümchen?) wollte Waldheini wissen.
„A Herrschaftszeide! Der is schun wach!"
(Ach herjeh! Er ist bereits aufgewacht!) piepste ganz aufgeregt eine kleine Stimme.

Voller Elan flogen drei gewitzte kleine Blumenelfen auf Waldheini zu, die Eine weiß, die Andere violett und die Dritte in einem quitschgelben Fransenkleidchen.
Voller Freude flogen die Drei aufgeregt auf Waldheini zu und tanzten wie wild um ihn in der Luft herum.
„Uijuj ju! Mer wird gonz dormmelisch ehr drei närrische Weiwwer!"
(Oh jeh! Mir wird ganz schwindelig, ihr drei verrückten Vollfrauen!) lachte Waldheini und fuchtelte aus Reflex vor seinem Gesicht.
Sie kicherten über seine Verlegenheit und dachten nicht daran aufzuhören.
„Ehr hätt ko Ruh in eierm klone Elfehinnern, gell?"
(Ihr habt keine Ruhe in eurem kleinen Elfenhinterteil, kann das sein?) lachte Waldheini, der schnelle Bewegungen gar nicht gerne hatte.
„Schlimmer wie e Dutt voll Migge, die Menscher!"
(Schlimmer wie eine Tüte voller Mücken, die Mädchen!) kicherte er weiter und hob sich dabei seinen Bauch. Auch die Quellhüterin lachte von Herzen über das Bild, Waldheini war verlegen und noch vollkommen steif in seinen Bewegungen vom langen Winterschlaf.
Die drei Elfen winkten wie wild etwas herbei. Und aus dem Blumenspiegel von Buschwindröschen erhoben sich, wie aus dem Nichts, viele kleine Elfen mit einem Blumenkranz.

Der Blumenkranz war fein geflochten aus Moos, den weißen Buschwindröschen, gelbem Huflattich und zarten violetten Waldveilchen. Waldheini lächelte verlegen und nahm vorsorglich seinen Hut ab. Da stand er nun und bekam seine alljährliche Frühlingsbegrüßung von seinen treuen Elfen Veronica, Anne-Mone und seiner Tussi. Die drei Blumenelfen hatten die Frühlingsblumengirlande mittlerweile übernommen. Als alte Freunde hatten sie das Privileg, Waldheini mit ihrem Willkommensgeschenk persönlich zu begrüßen.

Waldheini betrachtete sich die zerbrechlichen Blüten. Er grinste mit geschlossenen Augen verlegen und stolz zugleich. Er atmete tiiiiiiiiiief den feinen Frühlingsduft der Blüten ein und …

„Ha-haaa-haaaaa-tschi!" musste Waldheini niesen. Da sein Blütenkranz von echten Elfen geknüpft wurde, wirbelte sein Niesen eine Wolke bunt glitzernden Elfenstaub auf, von dem sich ein wenig auf seiner Nase absetzte. Man erzählte sich, dass Waldheini, seine bunte Nase diesem herzhaften Nieser und dem Elfenstaub von Veronika, Anne-Mone und Tussi zu verdanken hatte.

* * *

4. Die digg Aasch

Es orewäller Oragel,
spricht zu dem, der mit dem Herzen hört.
Der glaubt und hofft und liebt, den keinen Zweifelt stört,
zu lauschen an der dicken Eiche, ihrer Worte klar,
ein Halt und Zuflucht bietet, morgen, gestern, immerdar.
Die Eichen sprechen leise, über Wurzeln, um die ganze Welt,
ist es Aufgab ihres Lebens, mit Wissen zu versorgen,
die jede Seel erhellt.

„Ich freg misch jo alsemol, wie isch zu denne Fieß kumme bin.“ (Hin und wieder frage ich mich, woher ich diese Füße habe), ging es Waldheini durch den Kopf, als er auf dem Weg zur dicken Eiche von Neunkirchen war. Über solche Dinge dachte er manchmal nach.

Die Tatzen eines Waldhüterbärs sind wie Ohren, die das hören, was die Erde zu berichten hat, auf der man sich gerade bewegt. Und zugleich sind die Tatzen wie der Mund, der zu der Erde spricht. Waldhüter haben die Fähigkeit über ihre Füße das Befinden der Erde in ihrem Gebiet wahrzunehmen und mit etwas Magie wieder auszugleichen. Die Tatzen sind jedoch viel zu klein, um die Stimme der ganzen Erde zu erfassen. Daher kommt der Grundsatz der Waldhüter:

»Bewege dich nicht weiter als du fühlen kannst was das Leben braucht um zu existieren.«

So ging Waldheini über das grüne Gras, in den ersten Sonnenstunden dieses Jahres. Er liebte es mit sich zu sein, Zeit zu haben, die Erde durch

seine besonderen Füße wahrzunehmen. Sie sprach zu ihm, so dass er genau wusste, welche Blumen wo auf der Wiese wuchsen, er wusste um die Gesundheit der Bäume und sprach mit ihnen über alte Zeiten. Er erfasste mit seinem Gespür der Tatzen, was die Natur und ihre Wesen um ihn herum brauchte, um erblühen und friedlich leben zu können. Er tapste zur dicken Eiche, unterhalb von Neunkirchen, dort wo man das ganze Modautal sehen konnte. Mit einem beherzten „plumps" ließ er sich nieder. Schließlich hatte sich die neue Hose nun eingelaufen und eingesessen.
Eichen sind sehr alte, aber realistische Bäume. Sie geben dem, der an ihnen lehnt, Schutz und Geborgenheit. Sie schützen und stützen in ihrer tiefen Verbundenheit mit der Erde. Manch einer berichtete davon, eine Eiche aufzusuchen, wenn man nicht mehr weiß, wo ihm der Kopf steht. Sie wirkt ausgleichend. Tiefen Halt in der Erde zu finden und belebend den Kopf im Wind zu tragen, dass neue Ideen herangetragen werden können.
„Welch hoher Besuch!" raunte die tiefe Stimme der Eiche. Waldheini lächelte, dennoch blieb sein Blick verträumt. Die Ruhe der Eiche tat ihm immer gut.
„Net hejer wie sunst. Gondal."
(Mein Besuch ist nicht höher als sonst) sagte Waldheini ruhig.
„Gugg emol do, jedes Johr wärd alles werrer gri! Es is fer misch de schensde Achebligg, des frische, griene Lab zu säje und die nass Erd'se riesche!"
(Siehst du, jedes Jahr wird alles im Frühling wieder grün. Das ist für mich der schönste Augenblick, das frische, grüne Laub zu sehen und die nasse Erde zu riechen) erzählte Waldheini dem dicken und beständigen Gondal.
„Soch emol, wie wor donn der Winder?"
(Erzähl mal, wie war denn der Winter) wollte Walheini wissen.
„Klirrend kalt, mein alter Freund. Das tat uns Allen gut. Die Rinden wurden fester, es zog sich alles unter der Kälte zusammen und konnte in der Tiefe des Winters friedlich zur Ruhe kommen. Im Vorjahr war alles viel zu nass und die Natur kam nicht zur erholsamen Winterruhe. Weißt du noch, deshalb kam uns das Jahr so lange vor, weil keiner so

recht wusste, ob es zu Ende war oder bereits wieder mit dem Frühjahr beginnt. Dieses Jahr sind alle gut ausgeruht und zu Kräften gekommen, bei dem langen Schnee und der Eiseskälte. Du wirst sehen, es wird ein gutes Jahr."

„Des hert sisch gud o."

(Das hört sich gut an!) stellte Waldheini fest und schwieg.

Er ließ seinen Blick schweifen Richtung Brandau, das links hinter dem dichten Wäldchen im Tal liegt, zu dem Wald am Johannisberg weiter rechts, Richtung Klein-Bieberauer/Webenern.

Dort blieb sein Blick haften.

Er hörte Gondal hinter sich kichern.

„Wos gitt's n do se lache?"

(Was gibt's da zu lachen) fragte Waldheini etwas pikiert.

„Wenn du wach bist, müssen es alle anderen auch sein, da gibt's kein Halten mehr, gell Waldheini? Du bist ne echte Odewälder U-ruh!" lachte Gondal.

„Ach geh fort! Orewäller Uruh! Es wärd Zeit, dass der Bu mol wos treibt!"

(Ach komm! Von wegen ich hätte keine innere Ruhe! Es wird Zeit, dass der Bub mal was tut!) protestierte Waldheini.

„Waldheini der mystische Bär, hin oder her!" lachte Gondal weiter, „aber Vadder bleibt Vadder, gell!"

„Her uff misch se uze! Sei so gud unn gugg doch emol, ob der Kerl schun wach is!"(Hör bitte auf mich in den Arm zu nehmen und schau mal bitte nach ob mein Sohn bereits erwacht ist) bat Waldheini. Gondal regte und streckte sich. Es knisterte und die Borke krachte hörbar. Goldenes Licht floss aus allen seinen Wurzeln und erhellte wie ein Netz die Umgebung. Die goldenen Wurzelverbindungen vernetzten sich in alle Himmelsrichtungen. Das Knarren hörte nicht auf. Es leuchtete alles in einem sanften Goldton. Eichen haben die Fähigkeit, sich miteinander zu unterhalten. Über Kilometer sind sie unter der Erde miteinander verbunden, wie ein Telefonnetz. Deshalb zählen sie zu den Bäumen, die am Ältesten sind (bis zu 1200 Jahre!) und die am meisten Wissen besitzen.

„Ich hab ihn!“ sagte Gondal sanft und leise, dass es nur Waldheini hören konnte.
„Er ist seit ein paar Tagen wach.“
„Hermonn“ sagte Waldheini behutsam.
„Wos mach‘der donn?“
(Was macht er denn?) wollte Waldheini wissen.
Gondal erzählte: “Er hängt auf dem Ast der Eiche am Klein Bieberauer Waldrand und wärmt sich in der Frühjahrssonne!“
„Der Faullenzer!“
(Der faule Kerl!) schüttelte Waldheini den Kopf.
„Is wohl e Junges vumm Olde!“
(Er ist wohl dein Junge!) lachte Gondal der Eichenfaun. (Faun ist die Seele eines Baumes.)
„Du hengst auch bei mir rum und wärmst dich in der Sonne!“
Wortlos schaute Waldheini an Gondal hoch. „Du Schlaumeier“ dachte er.
Langsam verblasste das goldene Licht und die Landschaft sah aus wie vorher.

Waldheini ließ seinen Blick schweifen.
Wie schön Waldheinis Modautal so friedlich und frühlingsfrisch in zartem Licht vor ihm lag. Aus diesem Blickwinkel liegt es wie eingebettet zwischen Hügeln. Die große grüne Waldzunge zieht sich aus Neunkirchen bis nach Brandau. Die Apfelbäume waren bereits am verblühen, und die Kirschblüten ließen es in der warmen Früjahrsluft schneien. Ein herrlich süßer Duft lag in der Luft.
„S is schod drimm. Jetzt häwwe so en haufe Beem geblieht, un wäje dem veele Räje konnde die Bienschen net flieje! Veel Ebbel wärd‘s net gäwwe.“
(Es ist schade. Eine Menge Bäume haben geblüht, doch konnten die Bienen wegen dem Regen nicht fliegen und die Blüten bestäuben! Unter diesen Umständen gibt es nicht viele Äpfel dieses Jahr.)
„Mol noch e frog, on disch als Oraggel: git‘s wos, wos isch des Johr wisse muss?“
(Das macht aber nichts. Die Rehe freuen sich, es muss auch genügend Wiesen geben, damit sie Gras zum Fressen haben.

Ich habe eine Frage an dich als Orakel: Gibt es etwas, das ich dieses Jahr wissen muss?) fragte Waldheini mit der orewäller Direktheit eines Bären. Gondal holte tief Luft, machte sich größer als er ist. Wieder knarrte und krachte die Borke wie tiefes Murren, Wind kam auf. Dieses Mal streckte er sich in die Höhe. Dieser wirbelte um die dicke Eiche, hüllte sie ein in einen goldenen Schimmer. Es wurde immer mehr zu einem Orkan, einem Windwirbel und Gondal mitten in ihm. Dieser Wirbel zog sich vom Wurzelwerk, anschmiegsam über den Stamm, ließ die Blätter wackeln und es entstand eine Lichtsäule bis hoch in den Himmel. Gondal begann zu sprechen:

„Heute, damals immer dar, kommt und geht das Jahr.
Achte auf den Wind, woher er kommt, wohin er geht,
weis' ist der, der ihn versteht.
Die Zeit der Luft und des Denken,
ist die Kraft, die dich wird lenken.
Sei wachsam stets und doch ihn ruh,
lass die Zeit es machen, hör nur zu.“

Mit einem Mal war es still. Es fielen kleine goldene Sterne aus dem Licht, das wieder im Himmel verschwand. Waldheini streckte seine Tatze aus. Ein goldener Sternenkristall blieb auf seiner Tatze liegen.

„Donge!“
(Danke) sagte Waldheini auf den Punkt gebracht. Mit einer ausge-streckter Tatze auf der der Kristall lag krabbelte er schwerfällig und behäbig auf.

Mit der anderen Tatze berührte er sanft den dicken Baumstamm Gondals.

„Auf ein Wiedersehen, mein alter pelziger Geselle! Gern geschehen."
„Alla, mach's gud!"
(Dann mach es mal gut!) Waldheinis Augen blickten auf den Goldenen Lichtkristall, der einer Schneeflocke sehr ähnelt.
„Hmm. So wos Scheenes!"
(Hmm, so etwas Schönes) dachte er beim Davonspazieren. Etwas verloren blickte er an seiner neuen Einlatzhose herab.
„Wo du isch denn donn jetz hie?"
(Wo bringe ich ihn denn jetzt unter?) fragte er sich ratlos.
„Ehr liewe Leid, wo sin donn on dere Hos die Dasche?"
(Ihr lieben Leute, wo sind denn an dieser Hose die Taschen zu finden?) fragte er sich. Das war Fefi, sie bekam eine Anweisung die wurde ausgeführt. Aber an Hosentaschen dachte sie nicht. An seiner rechten Seite der neuen Hose, hing noch ein loser Faden. Dort band er den Kristall in Höhe seines Hinterns fest. Der Kristall war gut unter. Nun warf er einen letzten Blick auf den Klein Bieberauer Wald, seufzte und ging weiter seinen Rundgang machen, um zu erkunden, was es Neues gab. Es gab noch viel zu entdecken. Doch wie das so ist, sind die kurzen Bärenbeinchen sehr schnell müde. Deshalb musste er sich immer mal wieder auf einem kleinen Felsen oder einfach so, im weichen Laub hinsetzen und ausruhen, während seiner Erkundungstour im Frühjahr. Beim Aufstehen bemerkte Waldheini nicht, dass immer etwas Sternenstaub dorthin rieselte, wo er sich niedergelassen hatte. Mit der Erde verbunden wuchsen dort rasch feine, weiche grüne Kissen aus Sternmoos. Und wenn man durch den Wald spazieren geht, sieht man hie und da kleine runde Mooskissen aus Sternenmoos, dort, wo sich Waldheini irgendwann einmal ausgeruht hatte.

* * *

5. Das fliegende Eichhörnchen

Flieg es Aschhorn dosch die Luft,
gab's en Knall der glei vepufft.
Wos es domit uff sisch hot,
is wos, wos mer wisse sot.
Zufäll git's im Läwe immer mol,
äwwer die es Läwe nur ennern hie unn do.
E Abenteuer konn beginne,
wenn mer uff die Stärge sich dutt besinne.
Auf gehts kloner Hermonn Bär
du finnst deun Wäg, wenn a schwer.

Hermonn lag der Länge nach auf dem langen Ast der Eiche der Klein Bieberauer Wiese am Waldrand. Seine Füße und Arme ließ er rechts und links des Astes herunterhängen und genoss die wärmende Frühlingssonne, als die Wurzeln der Eiche gold aufleuchteten.
„Oh, de Vadder is wach." runzelte Hermonn die Stirn. Er hatte oft dem Zauber der Eichen zugeschaut, als Waldheini die Neuigkeiten des Modautals mit Godals Hilfe abfragte.
„Will de heit noch nuff?"
(Willst du heute noch nach Neunkirchen hochlaufen?) fragte Manfred der Mäuserich vom Fuß der Wurzeln nach oben.
„Kon Stress!"
(Nur mit der Ruhe!) brummelte Hermonn vom Ast herunter.
„Isch muss misch erst noch e bissje seelisch unn moralisch uff de Vadder eustelle!"
(Ich muss mich noch etwas an meinen Vater seelisch und moralisch gewöhnen!) lachte Hermonn.

Hermonn schlug etwas aus der typischen Waldbärenart, das konnte man deutlich sehen. Während Fefi und Waldheinis Fell dunkel war, leuchtete Hermonn immer quiddegääl im Wald hervor, er konnte sich nicht tarnen, man sah ihn von weitem im Wald.

Während Waldheini geduldig und meist in sich gekehrt durch den Wald streifte und mit den Füßen fühlte, sprach und plapperte Hermonn unentwegt über Gott und die Welt. Denn Hermonn spürte rein gar nichts, außer wenn das Gras an den Tatzen kitzelte.

„Isch meschd emol erläwe, dass deu Schniedsche nix zu vezehle was! Du unn doi Fieß, dess dutt ejendwie net".

(Einmal im Leben, möchte ich es erleben, dass du nichts zu erzählen weißt! Du und deine Füße, das funktioniert einfach nicht.) seufzte Waldheini immer mal wieder. Das ging Hermonn gerade durch den Kopf, als er über den Ast nach Neunkirchen schielte. Dann drückte er seinen Kopf am Ast weiter runter und streckte sich seinen rechten Fuß entgegen. Er betrachtete seine Tatze. Er wusste heute noch nicht, was Waldheini genau von ihm erwartete. Seine Tatzen waren zum Laufen da. Von A nach B. Mehr konnten sie einfach nicht.

Wie ein Affe griff sich Hermonn mit dem rechten Arm an sein linkes Ohr.

„Ey! Monfred?!" rief er vom Ast zum Stamm hinunter, an dem Manfred die Sonne genoss.

„Hmmm?" brummte dieser nur hoch.

„Warim hot mer Ohr, mid dene mer gut hert? Unn warum soll mer mid denne Fieß hern, die ofach nur digg und grau sinn?"

(Warum hat man Ohren mit denen man gut hört? Und warum soll man mit den Füßen hören, die eigentlich nur dick und grau sind?) überlegte Hermonn angestrengt.

„Iss des deun erst?"

(Ist diese Frage ernst gemeint?) fragte Manfred mit einem zynischen Blick.

„Monfred! Biddee!" (Bitte Manfred, ich meine es ernst!) sagte Hermonn.

„Isch bin koon Bär mid Quadradlaatsche. Isch waß es net." (Ich bin kein Bär mit Füßen, die einen Quadratmeter umfassen. Ich habe keine Ahnung davon, wie man mit Füßen hören und sprechen soll!) entgegnet Manfred.

„Is ja a egal. Uff jeden Fall, geh isch erst moje nuff!"
(Es spielt ja auch keine Rolle. Auf jeden Fall gehe ich erst morgen nach Neunkirchen hoch.) hatte Hermonn beschlossen.
Er drehte sich auf den Rücken, machte es sich auf dem dicken Ast bequem und schmatze zufrieden.
Ein mächtig großer Knall ließ das ganze Tälchen erzittern. Die dicke Eiche wackelte, wie bei einem Erdbeben. Hermonn war viel zu überrascht, als dass er einen Schrei hätte machen können, als es ihn von dem Eichenast hinunter gerüttelt hatte. Er plumpste mit einem dumpfen Schlag neben Manfred ins Gras. „Au" stieß er hervor. „Au moi Kreiz!" (AU mein Rücken!) Im selben Moment flog mit aufgerissenen Augen ein Eichhörnchen durch die Luft und schrie dabei „Jeeeeeehaaaaaa!".

Es landete unsanft ein paar Meter weiter Richtung Klein Bieberau auf der Wiese. Schwärme von Vögeln stießen aufgeregt und ziellos in die Luft, Rehe rannten aus dem Wald auf die Wiese, Hasen fielen einfach in die Wildstarre vor Schreck und ganz hinten am Wald rannte eine Rotte Wildschweine. Alle schwatzen erschrocken und aufgeregt durcheinander. Bis sich mit einem Male die Aufregung legte. Vorsichtig schauten sich alle um.
„Wos wor donn des fer en Dunnerhall?"
(Was war das für ein Donnerhall?) fragte sich Hermonn.
„Nix gures!"
(Nichts Gutes!) antwortet Manfred.
„Beim heilische Bim Bom! Host du des Aschhernsche flije säje?"
(Beim heiligen Glockenschlag! Hast du das Eichhörnchen fliegen sehen?) fragte Hermonn betroffen. Trotzdem zuckten ihm die Mundwinkel.
„Gonz große Aache hat's!"
(Es hat die Augen ganz weit aufgerissen!) sagte Manfred der Mäuserich künstlich ernst.

Beide mussten nun doch hinter vorgehaltener Hand kichern.
„Des ist net szäm lache!“
(Das ist nicht zum Lachen) rief das Eichhörnchen empört!
„No. Iss net lusdisch.“ sagte Hermonn und blickte etwas verlegen das arme Ding an, das mit den Händen in die Hüfte gestützt vor ihm stand. Es verdrehte die Augen und plumps fiel es rückwärts um.
„Ow. Isch glab‘ des hot die Krenk!“
(Ich glaube, jetzt ist es dahingeschieden!) stellte Hermonn etwas stoffelisch fest.
„Des hot en Kreislaufkollabs, „s schnauft doch noch! Do gugg, de Bauch wärd dinn und wirrer digg!“ (Ich glaube eher, dass es einen Kreislaufzusammenbruch erlitten hat. Schau, es atmet noch!) stellte Manfred, der schlaue Mäuserich fest.
„Wer hot disch jetzt zum Doggdär gemochd?“
(Wer hat dich plötzlich zum Arzt erklärt?) fragte Hermonn genervt.
Mit lauten Mau-Geräuschen kam ein knallbunter Vogel angeflogen, der die Größe eines Raben hatte. Der knallbunte Vogel landete genau neben Hermonn auf dem Boden.
„Mau Mau!“ rief der Vogel atemlos.
„Schnautz!“ riefen Manfred und Hermonn zusammen, wie auf ein Kommando und hielten sich die Bäuche vor Lachen.
„Ach ich kennt misch jedesmol werrer Omern vor lache!“
(Ich könnte mich jedes mal wieder schlapp lachen über diesen Scherz!) hechelte Hermonn atemlos.
„Gude Kurddii!“ sagte Manfred der Mäuserich zu dem knallbunten Vogel.
„Gude!“ antwortete Kurddii knapp.

Die Sache war die, in der Nacht zum ersten Mai „treiwe die junge Leid“ (treiben die jungen Leute) bei ihrer Maitour immer den einen oder anderen Schabernack, auch die im Tierreich. Die Rabendame Dörte präsentierte sich immer, als etwas Besseres und nahm sich seit Jahren das ein oder andere, das ihr nicht gehörte.

Wenn sie nichts gestohlen hatte, hatte sie immer den Eindruck, sie hätte etwas vergessen. So beschlossen der Kuckuck Josef und die zwei Raben Toni und Gustav, der Rabendame Dörte einen Streich zu spielen. Die hatten aus einem Osternest ein buntbemaltes Ei gemoppst (gestohlen), Josef der Kuckuck, der Erfahrung mit Eiertauschen hatte, legte das Ei in Dörtes Nest. Dörte hatte nie etwas gemerkt. Bis es eines Tages unter ihrem Gefieder knackte. Als sie nachschaute, maute ihr ein knallbuntes strubbeliges Vogelküken entgegen. Da sie nie mehr etwas hergab, was sie einmal hatte, zog sie Kurddii groß, als wäre es ein ganz normaler Rabe.

„Mau Mau!" begann Kurddii noch einmal seinen Satz, „der Witz mid dem Kaddespiel hot longsom schunn en Boerd. Hottes ehr den Dunnerschlog geherd? Des is vum Stobruch kumme!"
(Mau Mau! Der Witz mit dem Kartenspiel ist schon uralt. Habt ihr auch den Donnerschlag aus dem Steinbruch gehört?) stammelte Kurddii aufgeregt.
„Isch glab deun Logus is expodiert! Hosd werrer Behnschen gässe, gell? Weil jedes Beehnschen gibt ein tenschen!"
(Ich könnte es in Betracht ziehen, dass dein WC Häuschen explodiert ist, aufgrund diverser Gasentwicklungen von Nahrungsmittel, wie zum Beispiel der Bohne!) lachte Manfred der lustige Mäuserich.
„No im ernst, Kurddii! Is des aus em Stobruch kumme? Velleischd is wärklisch wos mim Feier im Kischehärd bassierd?!" stottert Hermonn.
„No. Hottes net gehert, mau mau? Heit Mojend sin do Leit g'fohrn kumme, unn hottes äjendwos g'sprengd. Mit Rach und Feier! Unn deu Hitt steht ne'mej, Hermonn!"

Hermonn lebte seit einigen Jahren in einer Hütte im alten Steinbruch in Herrchenroden. Er war und wird kein typischer Waldbär, wie Waldheini der in einer Höhle im Wald lebt.
Hermonn liebte es mit Manfred ausgelassen fangen zu spielen und danach nicht nur seine Seele „bambele" (baumeln) zu lassen, sondern auch seine Füße. Er hatte sich und Manfred eine Hängematte aufgehängt, in der sie es sich gut gehen ließen.

Waldheini war nicht besonders begeistert, dass Hermonn so aus der Art schlug. Manchmal hatte er das Gefühl, er konnte ihm so gar nichts beibringen.
„Du, Hermonn! Isch glab, mer misse heit doch noch nuff zu deum Vadder!"
(Du Herman, ich glaube es lässt sich nicht vermeiden, dass wir heute doch noch zu Waldheini hoch müssen!) überlegte Manfred laut.
„Aaaaach!" protestierte Hermonn „Wenn's schief räjend, räjend's de Saj in die Ohrn!"
(Menschen! Wenn es schief regnet, regnet es den Schweinen in die Ohren!)
Manfred hatte sich in der Zwischenzeit um das Eichhörnchen gekümmert. Er hatte es gut gebettet und ihm mit einem Blatt Luft zu gewedelt.
„Soch emol, Kurddii! Wos host donn du um die Zeit schun do hunne verlorn? Is in Litzelboch nix meh los?"
(Sag mal Kurddii! Was machst du um diese Zeit schon hier unten in Klein-Bieberau? Ist nichts mehr los in Lützelbach?) fiel Manfred auf.
„Hottes noch net midgriegd? De Gilberd is seit Doche net x'äje Worm, äh worn."
(Habt ihr es nicht gehört? Gilbert der belesene Waldwurm ist seit Tagen nicht gesehen Wurm, äh worden.) verzog Kurddii sein Gesicht, so dass ganz große Sorgenfalten auf seiner Stirn sichtbar wurden.
„No, den Schlaumeier häb ich im Härbst es ledsde mol x'säje!"
(Nein, den belesenen, schlauen Wurm habe ich im Herbst zu letzt gesehen!) sagte Hermonn. Manfred zuckte nur ratlos mit den Schultern.
„Wonn die ersde Sunnestrahel kumme, wolle mer doch als die Ersde soj, die des goldene Steffsche im Bebel-Tembel im Gorde dringe wolle." glänzten Kurddiiis Augen quiddegelb.
Manfred schaute Hermonn an und flüsterte ihm zu „Äjendwie is in dem Buch alles immer quiddegääl und fängd o zu leischde und fungele, konn des soj?"
(Mir kommt es so vor, dass in diesem Buch alles immer gold gelb ist und zu leuchten und funkeln anfängt, kann das sein?)
Hermonn grinste und flüsterte mit, während er die Buchautorin im Auge behielt.

„Isch glab, des lajd on dere leisch esoterische Ader vun dere, die des schreibt!“
(Ich glaube, das liegt an der leicht esoterischen Ader der Buchautorin!)
„Quatsch!!!“ protestierte Kurddii. „quiddegääl, golden unn glizzerisch is unser Steffe, de Ebbelwoi! Un genaa des sin mer do aa. Mer sin auße siß unn inne häwwe mer Kern.“
(Quatsch. Gelb golden und glizernd ist unser Apfelwein! Das macht die Menschen hier aus. Wir sind außen süß und innen haben wir Kerne!) erklärte Kurddii.
„Kurddii! Jetzt schleegds dreizeh! E haardi School unn en waasche Kern! So haßt des! Steffsche. Is velleischd gor net so vekehrt, dass du unn de Gilbert noch net bei de erste seit, die im Bembel-Tembel oner nemme!“
(Kurddii! Jetzt hör aber auf! Es heißt richtig: eine harte Schale und ein weicher Kern! Von wegen Steffsche! Es ist vielleicht gar nicht so verkehrt, dass du und der Gilbert noch eine Weile wartet, bevor ihr euch dem Apfelwein zuwendet) lachte Manfred, der kecke Mäuserich.
„Hilft alles nix. Hottes koner den Gilbert x‘säje?“ blickte Kurddiii enttäuscht auf seine Füße.
„No. Es hilft alles nix. Mer häwwe weder den Gilbert x‘säje, noch wisse mer, warum die Aschhhärnschen so dosch die Gäjend flieje.“
(Nein, es hilft nichts. Wir wissen nicht wo Gilbert ist, noch warum die Eichhörnchen durch die Luft fliegen.) überlegte Manfred.
„Mer mache uns gor net long rim. Mer mache jetz nuff zum Woldhoini. Hilft jo nix.“
(Also, wir machen es kurz und gehen auf die Neunkirchner Höhe zum Waldheini.) beschloss Hermonn, der tollpatschig aufstand und sich zum Aufbruch bereit machte.
„Wos willst du donn em Woldhoini vezehle? Dass e Aschhärnsche dorsch die Luft g‘floche is?“
(Was willst du Waldheini erzählen? Dass ein Eichhörnchen durch die Luft geflogen ist?) fragte Manfred mit gerunzelter Stirn.
„Aja!“ (Klar!) sagte Hermonn selbstverständlich.
„Wos held disch de vo ob, emol nunner on de Hottes zu lafe, unn emol se gugge, wos eigendlisch bassiert is? Isch mon, donn konnsd de‘sem soche.“

(Was hält dich davon ab, schnell runter in den Herrenröder Steinbruch zu laufen, und zu schauen, was eigentlich passiert ist? Dann kannst du es Waldheini sagen.) blieb Manfred der Mäuserich beharrlich.
„Unn wos soll isch donn mache?"
(Was soll ich dann machen?) gab Hermonn eine gleichgültige Frage an Manfred zurück.
„Wie, wos soll isch donn mache?" äffte Manfred Herman nach.
„Hermonn! Des wor lauder wie en Dunnerschlog. De gonze Borrem hod gewaggelt. De Gilbert is veschwunne, doi Haus steeht velleischd net meh unn disch intressiert des gonze net?"
(Hermonn, sei doch vernünftig! Das Geräusch war lauter als ein Donnerschlag. Die Erde hat vibriert. Gilbert ist verschwunden, und dein Haus steht vielleicht nicht mehr und dich interessiert das Alles nicht?) wurde Manfred energisch.
Böse blickte Hermonn Manfred an.
„Du fengst oh wie moin Vadder!
(Du redest genau wie mein Vater!) keifte Hermonn.
„Der wärd dich freje, wos bassiert is!"
(Der wird dich fragen, was passiert ist) versuchte Manfred ruhig zu bleiben.
„Dunner-wädder-keil-nochemol! Donn dab isch halt extra nochemol do nunner, dass isch donn den gonze Pod nuff muss?"
(Gewitter-noch-einmal! Dann lauf ich halt da runter, dass ich dann doppelt so weit hab, wenn ich heute noch auf die Neunkirchner Höhe muss!) schrie Hermonn Manfred an.
Wortlos blieben beide im Gras an der Eiche sitzen.

6. Die digg Hummel

„Es fällt alles von mir ab,
alles was mir so schwer liegt auf meinem Herz.
Ich wünsche mir, das was ich schon immer hab,
los lass ich Zweifel, Kummer und auch Schmerz.
Einst war ich voller Leichtigkeit und Freude,
das kehrt zu mir zurück,
dass andere und ich es spür,
mein Lachen und mein Kinderblick.
Entdecken will ich jedes kleine Wesen,
hier und dar, an jedem Ort.
Freude kehre zu mir zurück,
alles was schwer ist schick ich jetzt fort.
Kleine Hummel, Gefährte der emsigen Elfen,
ich bitte dich, zu öffnen mein Herz, dazu um mir zu helfen.
Dafür sorge ich gut für dich und geb dir ein sichres Heim,
Erfülle mich und meinen Lebensraum,
mit Zauber und Sonnenschein.
Ich danke dir, für deine Hilfe
für heut und alle Zeit.
Ich danke dir von ganzem Herzen,
und stelle dir, was du zum Leben brauchst, bereit.“

Im Neunkirchner Wald saß Waldheini vor seiner Höhle. Den Blumenkranz hatte er immernoch um seinen Hals. Er brachte ihn jedes Jahr immer zu Fefi, die ihn liebevoll in einer Glasschale mit etwas Wasser aufbewahrte. Waldheini saß auf einem Sternmooskissen und wackelte mit seinen dicken Fußzehen. Da kam etwas laut angebrummt. Ein digger Brummer flog um seine Blumengirlande, machte hie und da halt und steckte den Rüssel tief in die Blütenkelche.

„Ehr liewe Leid, wos e diggi Hummel!"

(Ach, was eine dicke Hummel!) entfuhr es Waldheini laut, als er auf seinem Aussichtsfelsen saß und Richtung Felsberg blickte.

Neben ihm im Moos hörte man ein lautes Brummen.

„Die erst Hummel! Hoini, die erst Hummel! Wo is se?"

(Die erste Hummel, Heini, die ersten Hummel! Wo ist sie?) juchzte Fefi aus der Höhle aufgeregt.

„Do unne brummt se rimm. Die sucht ebbs!"

(Dort unten brummt sie rum. Sie scheint etwas zu suchen!) sagte Waldheini wissend.

„Ach moi herzgebobbeldes Dreggschibbsche! Nadierlisch sucht die ebbs! Die sucht en gurre Platz fer ehr Näsd!"

(Ach mein Lieber! Natürlich sucht die etwas! Sie sucht einen guten Platz für ihr Nest!), sagte Fefi, die neben Waldheini platz nahm.

„A des waß isch a!"

(Das weiß ich selbst!) murrte Waldheini eingeschnappt.

„Greee-ääh, greee-ääh, greee-ääh, Hummeln leben mit bis zu 300 Hummelgetschwistern in einem Hummelstaat, der alleine von der Hummelkönigin im Frühjahr gegründet wird. Greee-ääh, greee-ääh, greee-ääh!" stammelte es atemlos und abgehakt aus dem Hintergrund.

„Der is jo a schunn werrer unnerwägs! Wer hodd donn disch g'schumb'd, dass du waggelsd?!"

(Der ist auch schon wieder auf Tour! Wer hat dich denn gefragt?!) motzte Waldheini, ohne sich umzudrehen, Gilbert dem ächzenden Waldwurm entgegen. Gilbert der Waldwurm wusste viel. Er hatte ein Leben voller Gegenwind, da er es immer gut meinte und ungefragt erzählte, was er wusste. Er meinte es gewiss nicht böse, es kam bei dem einen oder anderen Waldbewohner allerdings nicht so gut an, weil manch einer dachte, er würde von Gilbert für dumm verkauft, weil er so belehrend tat und vieles wusste. Und das was er wusste, teilte er ungefragt mit. So fuhr er mit dem fort, was er wusste, und auch noch auf hochdeutsch …

„… hört man im Frühjahr eine dicke Hummel brummen, tchsind das meistchens Königinnen, die auf der Tchsuche nach einem geeigneten Nitchstplatz sind. Im Frühtschommer tschieht man die erstchen Männer, die Drohnen und neue Königinnen, die nun zur Paarung autchfliegen. Wobei die Drohnen nicht mehr intch Nestcht tschzurückkehren. Hummeln fliegen in den Gärten herum, in der Hoffnung viel Nektar und Pollen (Blütenstaub) in den Trachtpflanzen zu finden. Mittlerweile gibt es wenige Trachtenpflanzen in den Gärten, und viele Hummeln verhungern im Tchsommer. Detschhalb ist es witchtchig die Hummeln bei der Nahrungstschuche zu unterstchütchzen, mit Tchsommerflieder, Taubnetschessel … Tschie bestchäuben bei der Nahrungtschuche die Blüten, auf datsch tchsie schitch zur Frucht hin entwickeln. Tschie trinken vom tschüßen Nektar des Lebentch, das tschie für die viele Mühe des Tschammelns entlohnt …!"

„Heer Gilbert, ess emol e Blätzje bei de Fefi drin!"

(Darf ich dir einen Keks anbieten? Du findest ihn bei Genefefa in der Küche, im Inneren der Höhle.) fragte Waldheini, dem nichts Besseres einfiel, um ihn in seinem Redeschwall zu unterbrechen und Gilbert loszuwerden.

„Ouw! Gell ‚tsch wor tschu veel vetscheelt?"

(Oh jeh! Habe ich wohl zu viel erzählt?) fiel Gilbert kleinlaut in Orewällrisch, denn er wusste wenn Walheini genervt war.

„Isch bin immer werrer be‘oidruggt, wos du kloner Worm all waßd!"

(Ich bin immer wieder beeindruckt, was du kleiner Wurm alles weißt!) sagte Fefi lächelnd.

„Int‘ressierd dess a oner vielleischd e‘mol, wos isch all waß und de gonze Dooch all mache muss?"

(Ist da auch Interesse von irgendjemand, an dem was ich alles weiß und den ganzen Tag über machen muss?) sagte Waldheini beleidigt.

„Du bisd en rischdische orewäller Woldbär!"

(Du bist ein richtiger odenwälder Waldbär) sagte Fifi zärtlich zu ihrem Waldheini.

„Heid Middoch git's Ge'räjschde mid Läwwerworschd gebagge! In ne halwe Stunn is es Esse fädisch, kimms'de donn?"
(Heute Mittag gibt es Bratkartoffel mit Leberwurst! In einer halben Stunde ist das Essen fertig, kommst du?) Fefi stand vor ihrem sitzenden Waldheini und hatte seine Schnauze in beide Hände genommen, als sie ihm über das Essen berichtete. So sah sie, dass seine Augen anfingen zu leuchten, als er hörte, was es zum Mittagessen gab.
„Ouw ja!" (Natürlich!) sagte er verträumt.
Als Fefi Gilbert mit in die Höhle nahm, sagte sie zu ihm „Mach der nix draus, du waßd jo, dass er om meisde waß unn schnell eugschnabbt is, wenn'ner des G'fiel hot, en Onnern waß ge'na so veel." (Mach dir nichts draus, du weißt, dass er am meisten weiß und schnell eingeschnappt ist, wenn er das Gefühl hat, ein Ander weiß genau so viel!)
„Des häb isch geheert! Unn do gehd's doch iwwer habt net drimm! Do stäggt doch so veel mej dehinner, …"
(Das hab ich gehört! Und darum geht es doch überhaupt nicht! Es steckt doch so viel mehr dahinter, …) rief Waldheini hinter den beiden her. Und fügte leise für sich selbst und der Hummel hinzu „Do stäggt so veel mej, hinner so e ne Hummel!" … mäj wie mer glabt …!"
(Es steckt so viel mehr hinter so einer Hummel! … mehr wie man glaubt!)
Die Hummel flog brummend, lautstark zu Waldlheini auf den Aussichtsfelsen hoch.

„Er hat doch recht mit dem was er sagt!“ flüsterte die Hummel Waldheini zu.
„Waßd donn du, wie veel är‘wet des is, so em beläsene Bischerworm o onzisch G‘fiel fer die Nadur zu entlogge?“
(Weißt du wie schwierig es ist, einem belesenen Bücherwurm ein Gefühl für die Natur zu entlocken?) fragte Waldheini die Hummel mit fester aber fragender Stimme.
„Klor geherd‘s dezu, dass mer waß wos eehr Hummelscher braucht. Äwwer wensich wisse noch, dass ehr, ...“
(Klar gehört es dazu, dass man weiß, was ihr zum Leben braucht. Aber wenige wissen noch, dass ihr, ...“) fuhr er fort
„... das eehr denne Elfe helft. Des will als koner hern, is doch äwwer so!?“
(... dass ihr den Elfen helft. Das will normal niemand hören, ist jedoch so!?)
„Ach du, uns Hummeln begegnen viele Wesen, die nur mit dem Kopf denken und nicht mit ihren Herzen. Sich von Herzen freuen, eine Hummel zu sehen und sich zu fragen, wie wir es schaffen, mit diesen kleinen Flügeln unseren Körper hochzuheben. Es ist weniger unser Aussehen und das laute Brummen. Wir Hummeln machen viel, was andere nicht verstehen. Vieles erscheint unmöglich, was wir tun. Wir verstoßen gegen so viele Dinge der Logik, Waldheini. Und darin liegt unser Geheimnis. Ein Wesen, ob Mensch ob Tier, das sich die Zeit nimmt, unsere Magie zu verstehen, nämlich das Unmögliche möglich zu machen, kann nur die Welt mit dem Herzen betrachten.“ sagte die Hummel, die sich in der Zwischenzeit auf Waldheinis weicher Bärentatze niedergelassen hatte.
„Des leischd mer eu. Ehr seid allem Onscheun noch, veel so digg zum flieje, fer die kloone Flieelschen, ehr kennt eisch uff em, unn im Borrem aus, grobt wie en Mollwert unn ehr suchd eisch gonz ello e Näsd. Ehr vehungerd im Summer, wo doch alles blieht.“
(Das klingt logisch. Ihr seid allem Anschein nach viel zu dick zum Fliegen mit so kleinen Flügel, ihr kennt euch im Boden aus, grabt wie ein Maulwurf und sucht euch ganz alleine euer Nest. Ihr verhungert im Sommer, so doch alles blüht und arbeitet bis zum Umfallen.) überlegte Waldheini laut.

„Ja, allem Anschein nach, sieht es danach aus, dass wir total im Gegensatz dazu stehen, was wir tatsächlich leisten. Wir denken nicht darüber nach, wir machen es einfach. Weißt du, dass wir in unseren Erdhöhlen bleiben, wenn es Regen gibt und erst wieder rauskommen, wenn das Wetter gut wird?" fragte die Hummel.
„Hey! Isch bin de Woldhoini, gell! Klor was isch des."
(Hey! Ich bin der Waldheini, nicht wahr? Klar weiß ich das.)
protestierte er.
„Äwwer, verod mer doch emol, wie des mid dere Erfillung vun denne Herzenswünsch is? Äh, bidde."
(Jedoch, verrate mir, wie du die Herzenswünsche erfüllst, bitte.) fragte Waldheini forschend.
„Das ist eigentlich völlig unspektakulär. Dort wo wir sein können, leben können und genug Fruchtnektar finden, sind wir zu Hause. Jeder Mensch trägt einen Herzenswunsch in sich. Die meisten haben eine Ahnung davon, was es sein könnte, trauen sich aber nicht, ihn auch nur zu denken, weil er völlig unmöglich scheint. Sind wir bei den Menschen willkommen, können unserer Arbeit nachgehen, das Unmögliche möglich zu machen, so verlieren wir immer wieder etwas von dem zauberhaften Blütenstaub, der das Umfeld mit Magie erfüllt. Wir stärken und kräftigen das Umfeld, die Wiesen, die Pflanzen, so dass man Stück für Stück den Mut gewinnt, daran zu glauben, was man sich wünscht. Wünsche brauchen beides, die Idee aus den Gedanken, aus der Luft und den Nährboden dafür, die Erde. Die Erde, die Ideen, Träume in die Tat umzusetzten. Ohne die Erde wäre jede Idee wertlos, weil sie wie die Gedanken im Wind vergeht. Wir als Hummeln verbinden beides. Die Ideen aus der Luft bringen wir in das Innere der Erde, damit die Wünsche Zeit haben, um zu keimen, zu wachsen und auf die Erde zu kommen. Jede Hummel ist ein Wunscherfüller. Einen Herzenswunsch erkennt man daran, dass man sagt: Ich wünsche mir von ganzem Herzen und nicht ich will. Wir kommen zurück in die Zeit, in der das Wünschen hilft. Wir sind so klein wie der kleinste Herzenswunsch. Wir sind dazu da, Glücksbringer zu sein, das Herz zu öffnen, für das was unmöglich scheint. Das wissen schon mehr als du denkst." brummte die Hummel in einem tiefen Surren.

„Ehr liewe Leid, wos sow e klooni Hummel alles konn."
(Ich bin beeindruckt, was eine kleine Hummel alles kann) staunte Waldheini.
„Soch emol, des is alles? Kon Hokus Pokus nur ello der Polleflug unn schwupps bassierd's?"
(Sag mal, das ist alles? Kein Hokus Pokus, nur alleine der Pollenflug und es passiert?) dachte Waldheini nach.
Die Hummel lächelte und sagte: „Es geht nur darum, dass die Menschen sich bewusst darüber werden, was alles möglich ist. Alles ist möglich. Hokus Pokus braucht man eigentlich nicht. Aber ein kleiner Zauberspruch hilft sich zu konzentrieren und sein Herz nach und nach zu öffnen."

* * *

7. Was is denn e Iwwergongsjack

Hie unn her des Frijohrswädder
so e Fraue Häidsche is net wie Lädder.
Fraue friern, so is des mol,
mer häwwe hald ne so veel Hoor.
Fer uns git's wos, des is speziell
Iwwergongsjäggsche haßd des gonz formell.
Schnell neu geschlubbd, donn hot mer's worm,
ob mojends, owends om Käbber, om Orm.
Denn Sinn vun so ne Jagg, denn kenne nur die Fraue
gäbt's zu, so schläschd dunn mer in sowos ned ausschaue.
De Vollstendischkeit geherd des in die Gischd,
doch meh verode werd jetz nischd.

Es war die erste wunderbare laue Sommernacht. Es schien in dieser Nacht nicht dunkel werden zu wollen. Waldheini saß auf seiner Bank vor dem Höhleneingang.
„Alla Fefi, geh mol mid mer. Mer veträde uns noch ewingk unser dicke Fieß!" rief Waldheini in die Höhle hinein, ohne sich dabei umzublicken.
„Word' isch hol mer noch schnell e Jäcksche fer owwe driwwer ...!" sagte Genefefa aus dem Höhleninneren.
„Wenn's ner oner uff dere Welt geeb, der mer oldem Bär mol vezeelt, wos e Iwwergongsjack is ..." murmelt er sich in seinen Bart und wand seinen Blick in den Himmel. Die ersten Sterne waren zu sehen, doch das Zwielicht deckte die kleinen feinen Sterne im Himmel immer noch zu.
„Alder, wos en Abberat!" entfuhr es ihm, als eine große Sternschnuppe über die Baumkronen des hohen Buchenwaldes schoss.
„Fefi, do wor awel, ..."

„So, isch häb moi Jack g'funne! Mer kenne! Is wos? Du guggsd so?“ Genefefa ist wie sie ist. Manch eine Situation ging an ihr vorbei, weil sie in ihrer eigenen Welt zu Hause ist.
„... e Sternschnuupp wor do Awel.“ führte Waldheini seinen Satz zu ende.
„A isch wor drin, isch häb nix g'xäje!“ sagte Fefi.
„Ja. Ich waß. Alla, mer mache los moi Mädsche!“ genau dafür liebte Waldheini seine Fefi so sehr. Sie nahm alles wie es kam. Misste nichts zu viel Bedeutung bei und lebte in jedem Augenblick das kleine Glück in ihrem Leben. Und wenn es nur darum ging, sich das schönste und angenehmste Jäckchen für heute Abend zu suchen.
„Wo lafe mer donn he?“ fragte Genefefa.
„A isch will e mol nunner on die Quell, Fefi. Doo wimmelts nur so vunn Gliiwämmschin.“ sagte Waldheini zu seinem Schatz.
„Ach wie entzückend! Des mache mer.“ Obwohl man nur Grillen zirpen hörte, war es eine ruhige Nacht. Und dennoch lebendig. Der weiche Waldboden gab unter jedem ihrer Schritte nach und richtete sich zügig wieder auf. Beide glitten durch den Wald, ohne ein einziges Knacksen. Dann begannen sie beide zu kichern, einfach so. Fefi wusste zu fragen: „Waßd du, wie die s Dälsche hinnen naus noch Fährt, zu nem GliiWärmsche soche?“
(Weißt du, wie die Leute Richtung Führt zu einem Glühwürmchen sagen?)
„No. Bschdimmd net veel onersder wie mer?!“
(Keine Ahnung. Aber bestimmt unterscheidet sich das Wort von unserem Dialekt nicht besonders?!) überlegte Waldheini.
Fefi kicherte nur noch mehr, weil sie endlich mal etwas wusste, was Waldheini tatsächlich noch nicht gehört hatte: “G'honsfingelsche!“ antwortete sie knapp und kichernd, so dass Waldheini überhaupt Mühe hatte etwas rauszuhören.
„Wos fer Funzel?“ (Welche Art von Leuchten?) fragte er nach und musste mehr über Fefis kindlich charmantes Kichern lachen.
„Ko Funzel! G'honsfingelsche! G'hons von Johnnes und Fingelsche vun fungele, de Funge es Fingelsche!“ grinste Fefi breit über ihr liebliches Bärengesicht.
„Oh liewe Leid! Do bresche mer uns do im voddere Orewold die Zung de bei ob!“

(Ach herrje! Wir brechen uns im vorderen Odenwold die Zunge, wenn wir das aussprechen möchten!) sagte Waldheini mit Anerkennung.
Vom Weg oberhalb der Modau-Quelle blieben Waldheini und Genefefa stehen und wurden still.
Sie blickten inmitten eines Lichtermeeres im Wald.
„Immer werrer zauberhaft!“ flüstere Fefi.
„Heilischer Hoseberg! Wo kumme die veele Gliewärmscher her?“ entfuhr es Waldheini. Hunderte und aber hunderte smaragtgrüner Lichtbringer schienen wie Punkte in der Nacht gezaubert zu sein. Es war ein gigantisches Bild. Auf den Felsen saßen Zwerge mit ihren Zwergenfrauen, im weichen Moos hatten sich kleine Elfen nieder gelassen, zwischen den Bäumen standen immer wieder große Naturengel mit erhabenen freundlichen Gesichtern, zu ihren Füßen hatten sich Rehe und Mäuse niedergelassen. Hie und da hörte man leise Stimmen.
„Hosd du gewisst, dass do heit Owend so veel Leid sin?“ wollte Genefefa wissen. Waldheini grinste, „wos wär isch fer en Woldwäscher, wenn sich net wisse ded, wo die besde Feste g'feierd wärn!“ schmunzelte Waldheini.
„Alla moi Mood, mer setzte uns do driwwe uff moin scheene Blatz zwische die zwaa Sto. Do konn mer long hogge unn mer siehd alles!“
„Hach, gud dass isch mer e Jäcksche midgenumme häb!“
Genefefa rückte enger mit ihrem Waldheini zusammen. Er legte liebevoll seinen Arm um sie. Was gab es schöneres, als abends gemeinsam den Tag ausklingen zu lassen.

Die Nacht war in der Zwischenzeit dunkel geworden. Durch die Buchenwipfeln strahlten tausend und aber tausende Sterne. Eine leichte Brise schüttelte das obere Laub der Buchenbäume zu einem gleichmässigen Rascheln. Etwas altes Laub wirbelte sich vom Boden auf und wurde wie von einem Sog nach oben in in den Himmel gezogen. Obwohl von dem Wind am Boden nichts spürbar war. Kein Häärchen wurde zerzaust. Der Windsog nahm etwas zu und aus dem Himmel schien es, als würde feiner Sternenstaub zu Boden rieseln. Fasziniert schauten die Wesen diesem Ereignis zu. Im Himmel wurden die Schemen der Quellhüterin sichtbar. Mehr und mehr nahmen die Schemen Gestalt an, bis man sie erkennen konnte. Sie schwebte majestätisch über den Bäumen. Mit einem leisen Flüstern und Knarren begannen sich die Buchenbäume vor der Erscheinung der Quellhüterin zu verneigen. Lautlos und erhaben, flog sie in zwei großen, spiralförmigen Kreisen zur Quelle. Auf ihrem Felsen in der Nähe oberhalb der Quelle nahm sie wie eine Königin Platz. Ihre Flügel breitete sie einladen aus und sprach mit sanfter Stimme: „ Ich begrüße euch, Waldheini & Genefefa, ihr Wesen des Waldes, des Feuers und des Wassers, ihr Hüter der Plätze, ihr fleißigen Helfer der Mutter Erde. Wenn der Schwarzmond des Juli nur schemenhaft erkennbar ist, kann man zwischen all den Sternen die Drachengalaxie erkennen. In dieser Nacht versammeln sich alle Drachen, die Quellen hüten mit den Zauberwesen des Waldes. In dieser Nacht kommt der Urdrache aus der fernen Drachengalaxie auf die Erde und schenkt den Wesen der Natur die Magie. Deshalb sagt man auch, dass es mehr zwischen Himmel und Erde gibt, als man ahnt. Über das ganze Jahr hinweg stärken sich alle Wesen an der Magie des frisch sprudelnden Wassers einer Quelle oder Baches. So auch bei uns im Modautal, an der Modauquelle. Eine Quelle schenkt jedem Wesen mit jedem Tropfen Kraft und die Quirligkeit der Lebensfreude auf eine einzigartige Weise. Als die Quellhüterin das erste aufkommende Lüftchen zwischen den Baumwipfeln wahrnahm zog sie ihre Flügel gekonnt an ihren Körper und hob ihr rechtes Vorderbein.

„Ihr Drachenväter, ich bitte euch: errichtet mir hier ein Kreis des Schutzes“. Sie zeigte auf acht Punkte im Uhrzeigersinn und drehte sich dabei einmal im Kreis. Kleine blaugrüne Flämmchen begannen auf den Punkten zu flackern.

„Meine Urväter, ich bitte euch um die Drachen-Magie der Sterne und des Universums, um die Erde mit der Magie zu erfüllen, sie zu versorgen, was sie zum Leben und regenerieren braucht.“ Aus einem Spiralnebel, der sich aus den Sternen herabsenkte, formte sich ein großer Drachenkopf. Ein wohlwollend alter Drache schaut auf die Wesen des Neunkirchner Waldes, die sich in dieser Nacht hier an der Quelle versammelt hatten.

„Wir Drachen danken Euch für euer tägliches, fleißiges Wirken auf der Erde. Wir wissen, dass das Leben, die Zyklen und Rhythmen der Natur ohne euch nicht möglich wären. Nur ihr könnt die Erde, mit eurer Magie, im Gleichgewicht halten. Wir wissen, dass es euch manches Mal viel abverlangt, das was Menschen tun, wieder ins Gleichgewicht zu bringen. Deshalb kommen wir einmal innerhalb eures Erden Jahres zu euch, um euch zu danken und Kraft zu geben.“ sagte der alte Drache zu der Quellhüterin in väterlichem Ton.

Teile von Galaxienebel und Sternenstaub löste sich aus dem Himmel. Ganz behutsam begannen die Galaxienebel, die Fläche der Erde zu ummanteln.

„An jeder Quelle wird heute in dieser Nacht ein Drache der Urväter sein. Es werden alle Bereiche, die von Drachen gehütet werden mit neuer Magie des Lebens versorgt. So auch ihr!“
Die Quellhüterin begann in hellem blau zu leuchten, ihre Drachenhaut sah in einem Moment wie die Schuppen eines Fisches aus, im nächsten Moment wieder wie die starken schützenden Schuppen eines Drachen. Was jedoch beständig blieb, war das Leuchten und Glitzern auf ihrer Haut. Jedes der Wesen bekam einen Schimmer von leuchtender Magie. Die Wesen des Waldes eher grünlich, die Zwerge sogar zweifarbig, braun-grün. Die Erdwesen leuchteten in einem kräftigen Braunton.

Und die Luftwesen leuchteten in einem transparenten hellblau auf. Es ging ein hörbares Aufatmen durch die anwesenden Naturwesen. Das tat gut. Einer nach dem anderen schloss die Augen und atmete tief. Ein unvorstellbarer Frieden erstreckte sich über den Wald. In diesem sicheren und hoffnungsvollen Gefühl, schlief der ein oder andere ein. Die Quellhüterin bedankte sich bei ihrem Urvater auf ihre Weise, stumm und mit einem tiefen Augenblick. Es kam ein leichter Wind auf, der die Galaxiespirale wieder einzusammeln schien. Das Bild des Urdrachens begann zu verblassen.
„Du weißt mein Kind, dass wir immer in nächster Nähe sind. So schau in den Norden und du wirst ein Aufblitzen wahrnehmen. Rufe mich, wenn du mich brauchst!“ sagte der Urvater aller Drachen zu unserer Quellhüterin wortlos aus tiefstem Herzen. Die Bäume erhoben sich, je mehr der Zauber sein Ende nahm. Fefi und Waldheini waren umgeben von feinem grün glimmendem Licht. Sie hielten sich liebevoll in ihren Armen und waren einfach nur dankbar, hier zu sein.

* * *

8. Was is Glück?

Gligglisch soi, konn mer in jedem Achebligg,
konn mer mol hinner sich losse, unn guggd net serigg.
Ob e Blimmsche, en Voggel orrer s ersde Sunnescheune,
e Läschle dutt mer ned bereue.
Wenns vun Herze kimmt, donn bringt's om Gligg
macht soi Herz uff immer werrer e Stigg.
Vescheng e Läschle, des kosd disch nur e Iwwerwindung,
unn schenkd dir velleischd e Läwe long e lieb Vebindung,
zu nem Mensch, der sunsd vobeigelafe wär,
ehr lacht heit zumme, so hot mer vom Lache mehr.

Fefi wachte tief zufrieden in ihrem Bett auf. Sie machte für Waldheini den süß duftenden Nussbrei mit einem Hauch von Zimt darüber. Hmm, das hatte er gerne am Morgen. Allerdings sparte sie ein wenig mit dem Honig. Ein Bär in Waldheinis Alter, sollte nicht mehr über alle Maßen Honig essen, fand sie. Nach dem Frühstück war Sven Summsebrum bereits vor der Höhle. Waldheini wollte seinem Gefühl nach, heute nach den Hummeln und Bienen schauen. Der gestrige Abend war wunderbar. „Alla, du older Summsebrumm. Mache mer uns uff de Wäg. Wünsche wohl geruht zu haben …" (Na, dann kommen sie mal, Herr Summsebrumm. Wir machen uns auf den Weg. Ich hoffe, sie haben gut geschlafen …) fügte Waldheini schmunzelnd in Hochdeutsch hinzu.
„Ja, mer konn schun soche, ich häb gut g'schlofe!"
(Ja,man kann schon sagen, ich habe gut geschlafen) lispelte Summsebrumm Waldheini schmunzelnd zurück. Ihre Stimmen wurden leiser, sie waren am Weggehen, als Fefi laute polternde Schritte hörte und ein mühevolles Keuchen.
Waldheini platze noch einmal in die Höhle, schmatzte Fefi einen dicken Bärenkuss auf die Schnauze und rief ganz außer Atem: „Machs gut moi Mädsche" und war bereits mit diesen Worten wieder am Höhlenausgang. Fefi ging ebenfalls zum Höhlenausgang und blieb mit der Pfote am Felsen gelehnt stehen. Sie schaute zurück in ihre Küche, verzog ihr Gesicht, bei dem Gedanken, jetzt Spülen zu müssen. Es war um die sieben Uhr morgens. Ihr Gesicht wurde zu einem Lächeln und ihre Bärenaugen begannen zu strahlen. Bis auf die Vögel und die zwei alten Bären, die mit Insekten sprechen wollten, war um diese Zeit keiner unterwegs. Ja, sie entschied sich, für eine Weile zur Modauquelle zu gehen und ein wenig Kraft zu tanken. Seit Hermonn nicht mehr bei ihnen wohnte, war der Tagesablauf nicht mehr so streng wie früher. Gerne versorgte sie ihre Familie mit Leckereien und gab ihnen alles, was sie zum Wohlfühlen brauchten. Sie war die gute mütterliche Seele des Waldes, zu ihr kam jeder gerne. Man fühlte sich einfach geborgen und rund um wohl bei Fefi. Sie griff nach ihrem Übergangsjäckchen auf der schweren Holzbank, das sie am Vorabend dort abgelegt hatte, schwang es sich über die Schulter und machte sich auf den Weg zur Modauquelle. Erst waren ihre Schritte schnell, bis sie der erste Luftzug von warmer Sommerluft erreichte.

Sie schloss ihre Augen und atmete tief ein. Ei was ein schönes Gefühl. All ihre Bewegungen verlangsamten sich. Hie und da blitzte die Morgensonne zwischen den grünen Buchenblättern auf. Und dort, ein paar Meter von ihr entfernt war eine dieser wunderbaren Lichtsäulen. Schmunzelnd lief sie ganz langsam auf den einen mächtigen Sonnenstrahl zu, der direkt aus dem Himmel den Waldboden berührte. Andächtig trat sie bewusst in diesen, wie magisch wirkenden Sonnenschein, ein.
„Iisch bin doch iwwer gligglisch, do soi zu kenne. Jeden Doch des alles se erläwe!"
(Ach, ich bin doch gesegnet, hier wohnen zu dürfen. Jeden Tag die wunderbare Natur in ihren Kleinigkeiten erleben zu können) sagte sich Fefi. Ihr Fell wurde augenblicklich angenehm warm, und ihr Herz erfüllte sich mit Wohlbehagen. Nach einer ganzen Weile öffnete Fefi die Augen und rieb sich ihre Tatzen an ihrer Kittelschürze. Sie blinzelte direkt in die Sonne, als ob sie die Sonne selbst erkennen könnte.

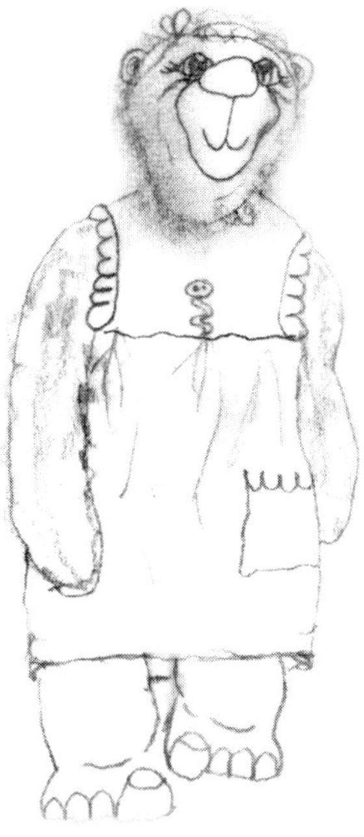

Das Licht war viel zu grell und sie kniff die Augen zusammen. Durch ihre Augenwimpern sah sie so viele Farben. Und sie stellte sich vor, wie diese Farben ihr ganzes Wesen zum Leuchten bringen. Sie kicherte und schüttelte über ihre Albernheit und Phantasie den Kopf.
„Ach ehr liewe Leid, wos solls donn! Wem muss isch donn ve'zehle, dass isch sowos denk. Mer dutts ofach gut. Und ofach soi, is immer es besde!"
(Ach ihr lieben Leute, was soll's denn? Wem muss ich denn erzählen, dass ich mir all die Farben vorstelle? Mir tut es einfach gut. Und einfach sein, ist doch immer das Beste!) dachte sich Fefi, schaute sich aber kurz über die Schulter,

ob sie jemand beobachtet hatte. Waldheini ist in dieser Beziehung anders. Der legte sich auf den Boden, wenn er das Gefühl hatte, dass es richtig war. Oder er umarmte einen Baum ohne Hemmungen. Ihm war es egal, was die anderen sagten. Ja, er dachte noch nicht einmal darüber nach OB die anderen Leute es komisch fänden, denn er wusste ja was er tat und es hatte alles einen tiefen Sinn, was er machte. Auf Fefis Weg zur Modauquelle entdeckte sie immer wieder andere Pflanzen, die über Nacht um das Doppelte gewachsen waren. Der Waldmeister war langsam am Verblühen und sie dachte darüber nach, wie groß der Fingerhut im Birkenwäldchen oberhalb der Modauquelle bereits war. Da! Die Morgensonne strahlte bereits auf den flachen Stein, auf dem Fefi am liebsten saß. Wendig und gekonnt, kletterte sie auf der rechten Seite der Modauquelle ein paar Meter hinunter. In der Vorfreude auf die vielen Vogelstimmen, ließ sie sich gemütlich auf dem Stein nieder. Sie blickte hinauf zur Quelle und der Buche oberhalb der Quelle. Die Sonne erreichte gleich die Buche, das hieß, dass jeden Moment die Ringeltaube anfing zu rugsen. Fefi kannte den Ablauf der Vögel am Morgen gut. Sie schloss ihre Augen und lauschte entspannt den Klängen der Vögel. „Ofach do soi, wos e Gligg!" dachte Fefi (Einfach nur hier sein, was ein Glück.) Interessanterweise hatte sie am Anfang immer Mühe, weil sie entweder nur die Vögel hörte oder das Plätschern der Modau, dann fiel ihr der Wind in den Blättern auf, und es verstummte wieder ein anderes Geräusch. Es war immer ein Moment, in dem die Natur sie einzuladen schien, ein Teil von ihr zu sein. Und auf ein Mal, wurde ihr alles geboten, was sie wollte. Ohne konzentrieren. Immer mehr und mehr verschwammen die Grenzen, sie wusste nicht mehr ob sie saß, wie weit die Vögel von ihr entfernt waren, woher der Wind kam und gemeinsam mit dem Plätschern des Wassers wurde alles zu einem ganzen Geräusch. Sie liebte diesen Moment, in dem alles zu verschmelzen schien. Es war doch einfach zauberhaft, was ein Morgen zu bieten hatte.
„Ofach soi, des is es besde. Ofach bassiern losse!" dachte Fefi.

* * *

9. E Schlisselerläbnis

Schlissel, Schlissel in de Poode,
wo der neu basst is net se rode.
S Läwe helt fer disch parad,
Momende wo de Veschond vesagt.
Uff soi Herz soll mer jo immer hern,
doch des hert mer net se gern.
Dutt om de Vestond so oft beschütze,
Merkt mer veeles net unner dere dicke Verstandesmütze.
Loss doim Herze Zeit zum spern
unn du wärst deun Wäg im Läwe net veliern.

Hermonn konnte einen enormen Dickkopf an den Tag legen. Manfred der Mäuserich war nach Hause gegangen. Hermonn saß seitdem, mit einer gnadenlosen Ausdauer, immer noch im Gras vor der dicken Eiche und schaute grimmig nach Neunkirchen. Er wollte, dass Manfred zurück kam. Er wollte nicht alleine zum Steinbruch gehen. Er wollte, dass Manfred sich entschuldigte. Er wollte nicht den ersten Schritt machen. Basta. Was Hermonn wollte, wusste Manfred. Sie kannten sich schon eine ganze Weile. Das musste Hermonn nicht laut aussprechen. Aber wenn Manfred nicht für sich sorgte, machte es Hermonn gewiss nicht. Denn er konnte seinen Dickkopf tagelang aussitzen. Mit einer mächtigen Wut im Bauch stand Hermonn endlich aus dem nachtnassen Gras auf.
Wütend stampfte er mit seinem rechten Fuß kräftig auf den Boden. Es half nichts. Grimmig starrte er nach Neunkirchen hoch. Er war einfach zu bequem, hin und her zu laufen, im Steinbruch zu schauen was los war und dann de gonze Pood du nuff se lafe (den ganzen Weg dort

hoch zu laufen.) Sein Magen knurrte. Irgendwie wusste er auch nicht genau, warum er auf Manfred sauer (böse) war. Manfred sprach immer mal wieder das aus, wovor sich Hermonn drückte. Manchmal war er Waldheini ganz schön ähnlich. Dabei war Hermonn doch jetzt groß, erwachsen sozusagen.
Entschlossen lief Hermonn zum Steinbruch zurück. Ohne Manfred. Hier hatte sich etwas verändert. Ziemlich in der Mitte des Steinbruchs, sofern man es als Mitte bezeichnen konnte, war schwarzes, verkohltes Gras und Hecken zu sehen. Manfred lief näher und schnupperte. Der Boden unter seinen Füßen war noch warm. Hermonn ging noch näher an den Boden mit seiner Schnauze und schnupperte, dass sie wackelte.
„Hm. Gegrillt hot do koner. Äjendwie stingd des erbärmlisch."
(Hier hat niemand gegrillt, es riecht widerlich.) stellte Hermonn fest.
Er schnupperte weiter die Umgebung ab. Es waren fremde Menschen hier, sogar eine Menge. Ratlos schaute er sich um. Niemand war weit und breit zu sehen. Hie und da stiegen immer mal wieder verkohlte Wölkchen hoch, die sich im Wind verloren.
Hermonn verzog sein Gesicht. Ihm wurde mulmig. Wenn Manfred jetzt hier wäre, da wäre es ihm angenehmer. Es schauderte ihn. Hermonn schaute leer auf das verkohlte Gras.
„Liewe Leid, wos des e Loch gäwwe hod?!"
(Du meine Güte, was da ein Loch entstanden ist.) überlegte er.
Er kniff die Augen zusammen, um besser sehen zu können. Etwas glänzte in der düsteren Asche. Zögernd ging er einen Schritt näher. Langsam bückte er sich, um sich das glänzende Etwas genauer zu betrachten.
„Is b'stimmd ner e Bleschbix!"
(Es könnte eine Blechbüchse sein), dachte er.
Doch seine Bärenneugier stieg. Hermonn tastete etwas mit seiner Pfote in der warmen Asche und entdeckte dabei: „… en Schlissel! Unn wos fern scheene. Der is b'stimmd schun hunnder Johr old!"
(… einen Schlüssel! Und wie schön er ist! Der ist bestimmt hundert Jahre alt!) murmelte er.

Aus Reflex schaute er sich um, hob den Schlüssel in die Luft und sagte „Monfred, gu'mol!“ dabei verzog er seinen Mund, ließ den Schlüssel sinken, weil Hermonn einfiel, dass er Manfred vorhin geärgert hatte. Er war nicht da, was so gut wie nie vorkam.
„Ou Monn, bei so em sture Esel, do beißd mer äschd uff Granit! Konn mer soche wos mer will. Jetz vebassd der des, das isch en Schlissel g'funne häb, unn wos fern scheene.“
(Ach Mensch, bei so einem sturen Esel beißt man wirklich auf Granit! Man kann sagen, was man will. Das hat er jetzt davon, dass er es verpasst hat, dass ich so einen schönen Schlüssel gefunden habe!) schmollte Hermonn.
Stolz hielt er den Schlüssel in seiner Tatze, schaute prüfend nach rechts dann nach links und entschloss sich schließlich, sich auf einen dicken Steinbrocken zu setzen.
Im Gebüsch etwas weiter weg, raschelte es. Es knackten Zweige, ein wohlbekanntes „AU!“ schallte zu Hermonn rüber. Hermonn hielt sich die Tatze ohne Schlüssel vor den Mund und kicherte in sich hinein. Er wusste ganz genau, dass Manfred sich anpirschte und mit seinen Wollhosen wie immer in den Brombeerhecken hängengeblieben war.
„S gid Leid, die lärne's nie!“
(Es gibt Menschen, die es nie lernen!) lachte Hermonn jetzt gerade heraus.
„Is de Hoseborrem noch gonz?“
(Ist der Hintern deiner Hosen noch ganz?)
„Ja, ja! Uz du misch ner noch!“
(Ja, ja! Veräppel mich jetzt noch!) quäkste Manfred aus dem Gebüsch.
„Helf mer liewer e mol suche, isch häb moi Strigg-Kabb ve'lorn!“
(Bitte helfe mir suchen, ich habe meine Strickmütze verloren!) bat Manfred.
„Isch konn net Monfred, isch muss den Schlissel do hole!“
(Ich kann gerade nicht, Manfred, ich muss den Schlüssel in meiner Tatze halten!) entgegnete Hermonn sofort.
Es raschelte und knackte, als Manfred sich aus dem Gebüsch befreite, mit seiner elend langen Strick-Kabb (Strickmütze). Er klopfte sich die Hosen sauber und blickte dabei immer wieder zu Hermonn.

„Wos fern Schlissel?
(Welcher Schlüssel denn?) fragte er.
„Du, gugg, denn häb isch do in dere Asche g'funne. Do hot oner äjendwos getrewe, isch was net wos. Ko Feier wor's net, en haufe Leid worn do, kabud is nix biss uff die schwaz vebrennd Blad do mädde im Gros, ...!"
(Schau, diesen Schlüssen habe ich in der Asche gefunden. Hier ist irgendetwas passiert, aber ich weiß noch nicht was. Es war auf jeden Fall kein Feuer, es waren aber eine Menge Leute da und kaputt ist auch nichts außer diese riesengroße schwarze Feuerstelle?!) überlegte Hermonn wieder laut.
Hermonn hob den Schlüssel in die Luft, so das in Manfred gut sehen konnte.
Manfred kramte in den Hosentaschen seiner Wollhose und zog ein Lederband daran hervor.
„Do, mach der des on deun Schlissel unn henk dern um deun Hals. Net dass de monst, du misst jetz de gonze Dooch nix meh schaffe, weil du den Schlissel hole mussd."
(Hier, befestige das an deinen Schlüssel, nicht dass du meinst, du müsstest den ganzen Tag den Schlüssel halten und brauchst nichts mehr zu tun!) verdrehte Manfred die Augen.
Hermonn fädelte andächtig das Lederband durch den aufwendig geschmiedeten Schlüsselkopf. Es war seltsam, in der Asche glänzte er wie Gold, doch in der Hand war er stumpf und fast schwarz. Hermonn runzelte die Stirn und überlegte ob er sich wohl getäuscht hatte. Doch sonst hätte er ihn doch nicht liegen sehen, oder? Geschickt band er sich die Lederschnur um den Hals.
„Mer kenne los!" sagte Hermonn knapp zu Manfred.
„Soch bloß, du willd jetzt uff die Hee?"
(Sag bloß, du willst hoch, nach Neunkirchen?) wunderte sich Manfred.
„Sischer, äwwer isch laf dorsch Bronne! Isch schwitz misch kabud, wenn isch iwwer Litzelboch nuff lafe muss!"
(Sicher! Aber ich laufe über Brandau. Ich schwitze mich doch nicht über Lützelbach unnötig kaputt!) erklärte Hermonn.

Manfred verdrehte seine Augen, er wusste, dass es keinen Sinn machte, mit Hermonn zu diskutieren. „Alla, donn auf jetz!“ seufze Manfred. Selbstverständlich ließ er ihn nicht alleine laufen.
„Soche mol, mer lafe doch erst e poor Schritt, du schnaufst jo schunn als ob mer e Woch long dosch de Wold lafe?
(Wir laufen doch erst ein paar Schritte?! Du schnaufst ja schon, als ob wir eine Woche lange durch den Wald laufen!) kicherte Manfred nach nur einigen Metern und erntete nur einen bösen Blick von Hermonn. Wortlos gingen sie Richtung Brandau.
Das Buchenlaub duftete leicht süßlich, die Vögel wechselten sich mit ihrem Gesang im Hintergrund ab. Der Waldboden des Weges knirschte bei jedem Schritt weich unter ihren Füßen. Sie folgten den Sonnenstrahlen, die lustige Schattenspiele aus Laub vor ihre Füße zauberten, als sie beide eine leise Unterhaltung hörten. Lange waren sie schon nicht mehr den Johannisberg abgelaufen. Die Stein-Baum-Freundschaft hatten sie tatsächlich vergessen.
„Ehr liewe Leid, die zwa häb isch gonz vegesse.“
(Ach herrje, die beiden habe ich ganz vergessen.) meinte Manfred kichernd.
Am linken Wegesrand war ein Stein vom durch den Wald rollen so müde geworden, dass er an einen Baum gerollt und eingeschlafen war. Mittlerweile war der Stein wieder wach. Der Baum Balduin und der Stein Schorsch hatten sich so sehr aneinander gewöhnt, dass sie im wahrsten Sinne des Wortes zusammengewachsen waren. In lauen Sommernächten konnte man sie bis in die Morgenstunden kichern und sprechen hören. Oft trafen sich hier die Wesen des Waldes, die einfach nur etwas Gesellschaft und Freude haben wollten. In den Wintermonaten waren beide so innig in die Tiefe des Winterschlafes versunken, dass man sie schnarchen hören konnte.
Gerade wollte Hermonn und Manfred den Stein Schorsch und Balduin begrüßen, als sie ganz aschderlische (grässliche) Laute aus nicht all zu weiter Entfernung hörten.
„Wos blägst do do so erbärmlisch dosch de Wold, Hermonn?“
(Was schreit denn so erbärmlich durch den Wald?) fragte Manfred seinen Freund Hermonn.

„Alder Monn, des misse mener wie oner soi, die ährne Ve'zweiflung Luft macht?"
(Oh jeh, das ist mehr als eine Person, die ihre Verzweiflung in die Welt hinaus schreit?) antwortete Hermonn.
„Freg net, des geht schun de gonze Mojend so!"
(Frag nicht, es geht den ganzen Morgen schon!) entgegnete Balduin der Baum.
„Genaa! Des hot heit mojend äjendwonn o g'fonge, mid dorschenonner Gebläägs. Donn wor's emol ruisch. Äwwer seid ne Weil, sin se sisch wenischdens onisch, wos se Bläägse! Beino so, als wär des so gewolld!"
(Genau! Heute Morgen fing es an. Da plärrten alle durcheinander. Dann war es auf einmal ganz still. Aber seit einer Weile sind sie sich wenigsten einig, was sie in der Gegend rumschreien. Fast so, als wäre es so gewollt!) vervollständigte Schorsch der Stein Balduins Beobachtungen.

Die schallenden Laute nahmen zu. Das Geräusch zerrte unheimlich an den Nerven.
„Mach des weg!" flehte Hermonn.
„Hä?" fragte Schorsch der Stein irritiert?
„Isch ded soche, do hilft ner gugge, orrer?"
(Ich würde sagen, es hilft nur Nachschauen gehen, oder?) sagte Balduin der Baum verdutzt.
Manfreds Augen waren ganz weit aufgerissen. Ihm tat das entsetzlich schiefe Geplärre in seinen feinen Mäuseohren weh.
„Des aschderlische Gebrebel, dutt mer so in de Ohr'n weh, isch konn gor nemeh denge!"
(Das furchtbare Geschrei schmerzt mir so sehr in den Ohren, dass ich nicht mehr denken kann!) stieß Manfred ohne Ton hervor.
„Alla, donn gehn mer emol gugge, wos do los is!"
(Also dann gehe wir mal nachschauen, um was es da geht.) beschloss Hermonn.

* * *

10. Gilbert unn soi moniern

Wissen is Macht, so kennt mer mone,
dald mer's ugefregt steht mer ello.
Wenn mer alles se gena nimmt, sucht mer in de Krimmel,
de Kopp kimmt gor neme se ruh vor dem Gedongegewimmel.
Deshalb schnauf dosch, sunst is gonz schnell,
en Onnern do on deuine Stell.
Drom net vun Onnern die de besser finnst,
Veender disch zu deum Vordeil in dem de disch iwwerwindest.
Donn sin der a werrer Sympatie sischer
unn musst net ello hause in Mäuselescher.

Gilbert hatte neben seinem ständigen Wissensdrang eine Schwäche: die fers Steffsche (orewäller Ebbelwoi, Apfelwein quasi). Allerdings nicht ständig und unkontrolliert. Nein. Alles hatte einen genau berechneten Zeitplan und Ablauf und vor allem: alles hatte seine Ordnung.
Er hatte genaue Zeiten, wann er sich e Gläsje Ebbelwoi (ein Glas Apfelwein) genehmigte. Irgendwann traf er im Bembel-Tembel Kurddii, der zu Gilberts bestem Freund wurde.

Beide teilten eine seltsame Einstellung: sie waren der Meinung, dass am ersten Tag der Bembel-Tembel-Gartensaison, noch alles frisch war. An den Gläsern hatte in diesem Jahr noch keiner getrunken, die Stühle und Holzbänke waren quasi noch nicht ein- und durchgesessen und es Steffsche war am gäälgoldischglänzesten. Also beschlossen die Beiden, ihren Kennenlerntag zum Jahrestag zu machen, um sich jedes Jahr wieder ganz frisch ihren Spaß zu teilen.
Jedes Jahr zur selben Zeit machte sich Kurddii auf, um Gilbert abzuholen. Gilbert wohnte in einem Mauseloch. Das Mauseloch war sorgfältig ausgewählt. Er hatte sich eine bestimmte Lochgröße ausgesucht und diese zu seinem Vorteil gemacht. Durch das viele im Wald rumrutschen verformten sich Gilberts Körperkugeln. Gilbert legt großen Wert auf ein gepflegtes Äußeres, deshalb suchte er sich ein Mauseloch mit dem exakten Lochdurchmesser seiner Körperkugeln. Immer wenn er sich aus dem Loch quälte, formte der symmetrische Durchmesser seine Körperteile optimal zu Kugeln. Der Kugelkörper verlieh ihm, seiner Ansicht nach, ein intelligentes Aussehen.

Am Vorabend ihres Jahrestages war Gilbert dieses Jahr besonders aufgeregt. Ihm fiel es sehr schwer sich zu konzentrieren. Gilbert hatte seine Mausehöhle picobello aufgeräumt. Trotz genauem überprüfen, fiel ihm nichts mehr ein, was er hätte vor dem zu Bett gehen noch hätte aufräumen können. Weil sich Gilbert immer so verrückt machte alles perfekt und ordentlich zu erledigen, war Kurddii der Meinung, dass er seine innere Mitte finden musste. Gilberts analytisches Denken versetzte das in Stress. Wo war bei einem Waldwurm die Mitte? Hat nicht jede Kugel ihre innere Mitte? Lieber Himmel, wie viel innere Ruhe müsste Gilbert bei seinen vielen Kugeln haben? Kurddii gab nicht auf, Gilbert in das Reich von innerem Gleichgewicht führen zu wollen. Irgendwann im Herbst fand er eine Broschüre, die er Gilbert brachte. Die Überschrift war „Mehr innerer Ruhe durch Yoga“. Doch Gilbert fand überhaupt keine Zeit sich der inneren Ruhe zu widmen. Entweder war er in Bewegung oder er schlief. Schlafen war seine Art von innerer Ruhe. Er war der Meinung, Rumgesitze und Sinnieren hielt ihn nur von der Arbeit ab. Das war keineswegs effektiv. Als Gilbert an diesem Abend beschloss es sich kurz auf seiner Mooscouch gemütlich zu machen, fiel dabei sein geschulter Blick für Details auf die Lektüre von Kurddii. Darauf war ein Wurm mit einem Turban abgebildet. Gilbert fand den Wurm mit Turban sehr farbenfroh und gutaussehend. Er fand, dass der Turbanwurm ihm sehr ähnelte. Schließlich war Gilberts gebildete Erscheinung jetzt schon anziehend und unwiderstehlich. So dachte er. Mit diesen Gedanken schloss er seine Augen und träumte sich in Tausend und eine Nacht, wie er wohl als gutaussehender Turbanwurm sich charismatisch durchs Leben kugelte.

Mitten in der Nacht schreckte er auf. Ein Kontrollgedanke hatte ihn geweckt. Selbst im Schlaf liefen seine Abläufe durch den Kopf, was über den Tag alles zu erledigen war. Ihm fiel ein, dass er dem Glühwürmchen Luisa vergessen hatte zu sagen, dass es aufhören kann zu leuchten. Das musste unbedingt erledigt werden. Verschlafen wie er war, rieb sich Gilbert seine müden Augen im weichen Moos der Couch. Er hatte keine Hände als Waldwurm. Er blinzelte durch seine müden Augen, um sich zu orientieren und machte sich auf zum Mauselochausgang seiner Höhle. Plopp plopp plopp plopp plopp plopp ploooooooop, und alle Körperkugeln waren aus der Höhle geploppt. Er war etwas durcheinander, deshalb ging er dieses Mal ganz ungewohnt rückwärts aus der Höhle. Das brachte Gilbert aus seinem Konzept. Verdutzt schaute er das Glühwürmchen im Gras an. Es hatte sein Licht bereits ausgemacht. Gilbert hatte sich Luisa Leuchtkäferchen angenommen. Er wusste alles über Glühwürmchen. So bemühte er sich, Lusia zu heilen. Sie litt an einem Dauerschluckauf, der sie in einem ganz wirren Rhythmus blinken lies. Und wenn sie in einem wirren Rhythmus blinkte, lockte sie keine Leuchtkäfermänner an. Gilbert regte das so auf, dass er ihr einfach helfen musste, weil diese ständige Blinkerei ihn ganz närrisch machte. Er hatte herausgefunden, wenn Luisa genug goldgelben Handkees aß, ihr Licht wenigstens für lange Zeit eingeschaltet war. Sie durfte vor seinem Mauseloch wohnen, um ihm als Eingangslicht zu dienen. Mit einem Blatt einer Birke, deckte Gilbert Luisa Leuchtkäferchen zu. Zufrieden für einen Augenblick, schaute er hoch hinauf in die Sterne. Es war stockfinster und der Himmel war mit aber tausenden Sternen übersät. Unwillkürlich verzog sich Gilberts Gesicht, als er seltsame Laute hörte. Von Lützelbach hörte er quitschende, stöhnende und keuchende Laute mit dumpfen aufschlagenden Geräuschen. Gilbert kam ins schwitzen, denn er ging alle seine Bücher in Gedanken durch. Er verglich die Geräusche mit allem, was er bisher gehört und gesehen hatte, viele Waldtiere fielen ihm ein, dann schüttelte er wieder den Kopf, weil nichts passte. Es kam einfach keine Information zu ihm, die ihm die Geräusche erklärte. Gilbert ruckelte so schnell er konnte zum Weg, um besser sehen zu können. Er wollte sich schließlich der neuen Situation stellen und etwas lernen. Da kam irgendetwas den Weg hinunter, relativ schnell. Und die lauten dumpfen Geräusche wurden lauter und lauter, bis es Gilbert schwarz vor den Augen wurde und ganz schön übel. Das war das Letzte, an das sich Gilbert erinnert.

* * *

11. Die orewäller Butzewärm

Uff ruck zieh'n se sisch zomme
uff zuck ausenonner,
so häwwe se schun so monschen Berg erklomme.
Doch heit geht der Schuss noch hinne los
noch ne Nocht im Bembel Tembel
falle se bschdimd net ins wasche Moos.
Des wärd fer all e Erläbnis wärn,
so zuckese in Bronne rim, die Oreväller Butze-Wärm.

„Mond ehr ned, ehr Buuwe, dass es emol Zeid wär, longsom Hom su mache?"
(Jungs! Ich möchte euch den Vorschlag machen, langsam die Heimreise anzutreten!) bat der sympathische und warmherzige Wirt des Lützelbacher Bembel Tembels die oreväller Butzewärm.
„Aaaaschderlisch!" lachte Kall.
„Nedd Aaaaschderlisch, Monn! Aaaaschedisch!"
(Nicht schrecklich, sondern Eichentisch!) liefen Willfried die Lachtränen aus seinen dicken Butzewärm Augen.
„Apropo Aaaascherlisch! Mer is grod die old Grodd eu'gfalle! Was'd de noch? Die Bugunde! Die aaaaaschderlisch Noochdeil!"
(Apropo schrecklich! Mir fiel gerade die ältere Dame ein. Weißt du noch? Die Burgunde! Die schreckliche Nachteule) lachte Kall weiter, nahm sich eine der bunten Servietten vom Tisch, faltete diese geschickt als Kopftuch, setzte sie auf und miemte Burgunde.
„Die hod Brunhilde gehaase!"
(Die hieß Brunhilde!) verbesserte Willfried.
Da kam Hubert, mehr rollend als geradlinig, angekrochen.

„Ehr Leid, de Johonn hengt Kobbiwwer im Waschbegge drin. Der hodd ebbs ve'weggseld. Alleweil wärd's Zeid zum Hom mache!"
(Ihr lieben Leute, der Johannes hängt Kopfüber im Waschbecken, das er mit dem WC verwechselt hat. Es wird tatsächlich Zeit zum Heimgehen.) stammelte Hubert vor sich hin, als hätte er eine Wollsocke im Mund.
Der herzliche Wirt hatte Mitleid und ging mit ihnen in die sanitären Einrichtungen seines Bembel Tembels. Vorsichtig hob er Johannes aus der Keramik und setzte ihn behutsam auf die Bodenfließen.
„Ou-wej! Mer dutt alles wäj!"
(Oh jeh! Mir tut alles weh!) jammerte Johannes, der aufgewacht war.
Kall, der noch gar nichts mitbekommen hatte und immer noch aus dem inneren des Bembel Tembels mit Kopftuch auf, lauthals „Noocheil" lachte, wurde kurzerhand auch vom Wirt zum Ausgang getragen.
Mit einem dumpfen rums fiel die dicke Tür des Bembel Tembels zu.
„Fäädisch!"
(Fertig!) stellte Kall mit verleijerde (verdrehten) Augen fest.
„Wo misse'n mer onne?"
(Wo müssen wir lang laufen?) fragte Willfried.
„Aaaaaals nuffzus!"
(Immer Richtung Bergrauf.) erklärte Johannes lallend.
„Johonn? Machsd du vorne wäg und gisd de Ton o?"
(Johannes, ist es möglich, dass du vorne weg läufst und den Takt angibst?) bat Hubert.

„Ruck-Zuck, ruck-zuck, ruck-zuck!“ mühten sich die vier Odewäder Butzewärm bergauf, bis zur Kreuzung nach Neunkirchen. Da sie bergauf enorm viel Kraft brauchten, merkten sie gar nicht, dass sie mit derselben Kraftanstrengung immer mehr Schwung bekamen. Fast gleichzeitig nahmen sie den letzten Schwung vom „zuck“ mit, ihr Hinterteil schoss am Kopf vorbei und sie verloren das Gleichgewicht. Sie welljerten und kullerten den Berg hinunter. Sie schlugen Purzelbäume und wilde Figuren. „Auuuuuuuu-Wäääääääj“, „Ou“, „Auwa“ krächtzte es. Sie kullerten und welljerten mit quitschenden, stöhnenden und keuchenden Lauten bergab. Es war immer mal ein anderer Wurm oben und dann wieder unten. Es hatte den Anschein, als würde ein Fellknäul sich mit dumpfen, aufschlagenden Geräuschen der Wiesen von Brandau nähern, bis sie irgendwann den Schwung verloren hatten und zusammengerollt in einem großen Fellhaufen liegen blieben.

„Isch glab, mer sin dehom!“ (Ich glaube, wir sind zu Hause!) stellte einer der Butzewärm fest. Viel zu erschöpft, aber im butzewärmenden Durcheinander kuschelisch eingerollt, blieben sie auf einem Haufen liegen und schnarchten was das Zeug hielt.

Die Sonne schien schon lange, als die putzigen Gesellen langsam zu sich kamen. „Auuuuuuu-Wäääääääj!“ stammelte einer, „Grrr-ächzt-grr …“ von links, „Ouw moin Kopp!“ von rechts stöhnte ein anderer. „Mer dutt alles wäj“ sagte der Butzeworm ganz unten. Trotz allem, begannen sich die pelzigen Würmer nach und nach auseinander zu sortieren.

Manch ein Wurm schüttelte sich, ein anderer rekelte sich, einer starrte vor sich hin, nur Johann ergriff das Wort, wie es sich für einen Butzeworm Scheff gehört. Johonn schaute sich um. Es war ihm viel se durmmelsich (schwindelig), als dass er mit Sicherheit sagen konnte, dass alle seine drei Wurmkumpel da waren. Er entschied sich für eine akustische Rückmeldung:
„Kall?"
„Do." antwortete Kall mit schwacher Stimme.
„Willfried?"
„Ääa, do!" keuchte Willfried jämmerlich.
„Hubert?"
„Mh-hm." stieß Hubert mühevoll hervor.
Johonn schaute in die Runde, dabei blieb sein Blick an einem Kerl hängen, der definitiv kein Butzeworm war. Das Gesicht dieses Wurms hatte einen beigen Teint. Aufgrund der Kopfbedeckung war aber nicht klar zu erkennen, um wen oder was es sich handelte.
„Unn wos bischd du fer e Exemplar?" wollte Johonn wissen.
„Gestatten: Meister Inderruh aus Indien. Ich kam von weit her, um alle Wesen vom körperlichen Leid zu befreien so dass sie in Ruhe leben können, wie es in Indien mit Yoga üblich ist." antwortete der indische Wurm.
Wie auf ein Kommando füllten sich alle Blicke der Butzewärmer mit der Hoffnung, dass sie von den erbärmlichen Kopfschmerzen befreit werden. Sie rückten näher zueinander, steckten die Köpfe zusammen und tuschelten.
„Also Meister Inderruuh. Mer wolle sie gonz offiziell beuffdroche, unsern Käbber um genaa se soi unser Kebb vum Leid zu befreie! Mer wolle quasi gonz in Ruh unn ohne Koppweh werrer rim ruggele kenne!" (Also Meister Inderruh! Wir wollen sie hiermit ganz offiziell beauftragen unseren Körper genau genommen unsere Köpfe vom Leid zu befreien! Wir wollen quasi ganz in Ruhe und vor allem ohne Kopfweh uns wieder fortbewegen können) verkündete Johonn.
„Also dodemid gäb isch deer jetz es Kommondo die Butzewärmer se, se … Wos mache sie eigendlisch jetz mid uns?"

(Hiermit übergebe ich ihnen nun das Kommando, die Butzewärmer zu, zu … Was machen sie eigentlich jetzt mit uns?) überlegte Johonn weiter.
„Gesund zu machen. Gesund zu machen mit Körperübungen!" antwortete Meister Inderruuh.
„Also, donn e mol los. Äwwer nix wos weh dudd!" betonte Johonn.
„Danke für diese Ehre. Wir beginnen mit dem indischen Urlaut, der hier im Orewold allerdings keine Wirkung auf die Wesen hat. Aus diesem Grund musste ich auf den odenwälder Urlaut, aus dem alles odenwälder Leben entspringt, eins zu werden mit sich, umsteigen. Ich stimme vor, ihr stimmt euch ein, und befreit euch durch diesen Urlaut von eurem körperlichen Leid:

„Auuuuuuu-Wäääääääj! Auuuuuuu-Wäääääääj! Auuuuuuu-Wäääääääj!" tönte erst Herr Inderruuh und gleich im Anschluss die Butzewärm zusammen über die Brandauer Höhe, bis hin zum Neunkirchner Wald. Es saßen Johannes und drei weitere Kollegen seiner Spezies auf den Steinen, in der Nähe vom Fichtenweg Richtung Klein Bieberau.

„Därf mol vorsischdisch freje, wos um alles in de Weld ehr Wärm do treibt?"
(Darf ich vorsichtig nachfragen, was ihr odenwälder Würmer hier macht?) fragte Hermonn nach.

„Mer losse unserne Koppweh freie laf! Quasi, befreie mer unsern Käbbär vum Leid mid dem Joga-Worm aus Indien, Meister Inderruuh.
(Wir lassen unseren Kopfweh freien lauf! Wir befreien quasi unsere Körper vom Leid! Äh, ganz genau genommen machen wir mit Hilfe von Meister Inderruuh Joga!) putze der um keine Antwort verlegene Butzewärm-Scheff Johonn, sich vor lachen weg.

Hermonn hielt inne und schaute Manfred entgeistert an. Joga.
„Isch glab misch driffd de Schloch!"
(Ich glaube mich trifft der Schlag!) entfuhr es Hermonn, der Meister Inderruuh entdeckt.
„Monfred! Siehst du des, wos isch ah säh???"

(Manfred! Siehst du dasselbe, wie ich???) drängelte Hermonn weiter. Dem souveränen Manfred, den so schnell nichts aus der Ruhe bringen konnte, stand sperrangelweit sein Mäusemund offen. „Äh-Hä!" bestätigte er nur.
„Des ist de Gilbert!" stellte Hermonn mit gerunzelter Stirn fest.
„Ja, schunn! Äwwer, wos hod der do uff'em Kopp?"
(Das sehe ich! Aber was trägt er auf seinem Kopf?) flüsterte Manfred leise.
Gilberts Gesicht war braun gefärbt, auf deutsch gesagt dreggisch (schmutzig) von der Erde. Der Turban auf seinem Kopf war die zusammengekneulte bunte Serviete, die am Vorabend Kall als Kopftuch und zum Mundabputzen im Bembel-Tembel benutzt hatte. Später hatte er sich ein Kopftuch daraus gebastelt um wie Brunhilde auszusehen. Total unkoordiniert krähte er ein „Ouu-wääj!" in die Butzewärm-Runde.
„Auuuuuuuu-Wääääääj" verbesserte Meister Inderruuh.
„Soche mol, wos treibstu du donn do? Was stommelst du do als vun Ouu-wääj?"
(Sag mal, was machst du hier? Was erzählst du immer von Ouu-wäjj?) wollte Hermonn wissen, der noch nichts von Johannis Joga gehört hatte.

„Auuuuuuuu-Wääääääj! Sieben u's und sieben ä's, das ist ein mystischmagischer Sinn. Öööhm, Ächzt-grrr-ächzt-grrrr … Und um ihre Frage zu beantworten: Ich praktiziere innere Ruhe!" jappste ein völlig zerschlissener Gilbert alias Herr Inderruuh auf perfektem Hochdeutsch, der seinen bunten Serviertenturban ausbalancierte. „Nun, der Ursprung des Yoga, dass man mit übrigens Üpsilon schreibt, nicht mit J wie Johannes. Yoga stammt aus Indien und hat nicht mit unserm Johann zu tun. Yoga soll mit Körper- und Atemübungen dazu beitragen, dass das menschliche Leid verringert wird und man klar denken kann. Ähm, mal ganz einfach ausgedrückt um die Uhrzeit … und es darf nicht unerwähnt bleiben, dass ich Meister Inderruh bin, ein Gilbert gibt es hier nicht." erklärte Meister Inderruuh, der belesene pseudo- Inderwaldwurm.
„Wollt ehr misch ve-ebbele? Wer vunn denne Kabbe hot schun jemols klor dengke kenne? Unn du, Meister Inderruuh? Im Läwe host du Gilbern nix mit in der Ruh' am Hut. Du bist vielleischd Meiser der U-ruh!"

(Wollt ihr mich veralbern? Wer von den Spezialisten an Butzewärmern hat schon jemals klar denken können? Und du, Meister Inderruuh? Im Leben hast du Gilbert nichts mit in der Ruhe zu tun. Du bist vielleicht Meister der Unruhe!) lachte Hermonn und schaute dabei den kichernden Manfred an.

„Do Hermonn, gugg ders o! Mer Butzewärm wolle des all! Isch will's, de Kall will's, de Hubert will's, Will-Fried auch?" fragte Johannes.
„Gu'mol do, de Willfried will net, der is schun mädde drin!"
(Schaut euch mal den Willfried an, der will nicht, der ist bereits mitten im Yoga machen!) lallte Hubert.
Alle blickten auf den armen Willfried, der ins taunasse Gras gekullert war und soeben versuchte wie eine Spannerraupe wieder einigermaßen gerade zu den anderen Butzewärm auf den Felsen zu klettern.

„Der Willfried mach gerade die Stellung, … äh, nasse Katze! Wichtig dabei ist, dass sein Fell leicht mit Wasser benetzt ist. Das regt früh morgens den Kreislauf ganz gerne mal an!" erklärte Meister Inderruuh.
Hermonn lachte Tränen, als er den verbogenen und verkaterten Butzewürmern zusah:
„Wonn ehr mid dem Bleedsinn net uffhert, mach isch äisch emol de struwwelisch Bär! Ehr macht misch gonz wuschisch mid einerm derumgebajg!"

(Wenn ihr mit dem Blödsinn nicht aufhört, mache ich euch die Stellung ‚Der zerzauste Bär‘ vor! Ihr macht mich ganz durcheinander mit eurem verbiegen!) warf Hermoon ein.
Kall plagten mittlerweile die sagenumwobenen aber berüchtigen „Bierfärz“. Er war vor zu viel Luft im Bauch in die typische Butzeworm-Starre verfallen.

Er konnte vor lauter Bauchkrampf und drücken nichts mehr sagen. Wie ein eingerolltes Etwas saß Kall auf der Hälfte von sich selbst. Sein Oberkörper ragte in die Höhe. Es sah ein wenig aus, wie eine Kobra, die hypnotisiert aus ihrem Körbchen kommt.
„Wos is donn mid dem jetz bassierd? Äwe gereeds außer Kondroll!“
(Was ist jetzt passiert? Eben gleitet mir die Situation wieder einmal aus den Händen!) wurde Hermonn panisch.
„Ruuhisch bleiwe!“ (Ruhig bleiben!) flüstern Johonn, der Kall schon oft nach einer Nacht im Bembel Tembel erlebt hatte, mit schielendem Blick. Er versuchte besonders mystisch und geheimnisvoll zu wirken.
„Kall meditiert!“ (Er meditiert!) erklärte Meister Inderruuh mit rauchig geheimnisvoller Stimme.
Willfried brüllt am Fuße der Felsen los vor lachen …
„MediTiere! Me die TiereN! Yoga mid de Tieren! Ich butz mich weg!“ (Meditieren! Mit den Tieren! Yoga mit den Tieren! Ich lache mich kaputt!) stammelte er luftholend vor Lachen.
„Besser so einen Sport machen, als nur herumsitzen und keiner Arbeit nachgehen!“ verteidigte Meister Inderruuh Kalls Erstarrung.
In diesem Moment entwich Kalls angesammelte Bierluft mit einem lauten Pups. Seine Erstarrung war weg und er sackte wie ein nasser Sack zusammen.

„Ehr liewe Leid, hod des Bumbesje misch gequeeld!"
(Hat mich dieser Pups gequält!) stöhnte Kall vor Erleichterung, der wieder seine Worte fand.
„Unn jetz bass uff! Loss misch rode, des is jetzt die Stellung, die nasse Sagg haaßd, gell?"
(Und jetzt pass' auf! Lasst mich raten, das ist die Stellung, die nasser Sack heißt, was?) machte Hermonn sich lustig.
Johannes, kratzte sich derweilen seinen Kopf am Felsen, weil es ihn am Kopf juckte.
Hermonn begann zu lachen, „unn du maschd grod die Stellung: Hund mid Fläj!"
(Und du praktizierst gerade die Stellung: Hund mit Flöhe!)

„Ouwäj, moin Bauch!" lachte Willfried von unten.
„Also, wenn ich noch einmal einhaken dürfte, diese Stellungen sind eher regional und haben ihre Ursprünge den tiefen des Modautaler Odenwaldes zu verdanken. Es geht bei Yoga auch um den Rückzug der Sinne durch Atemübungen zu erlangen, dass man sich quasi von dem Äußeren der Umwelt abzugrenzen lernt …" belehrte Meister Inderruuh ungefragt wie in alter Gewohnheit als belesener Waldwurm Gilbert.
„Bidde, uffhern jetz! Gilbert! Isch konn nimeh vor lache! Mer konn gor net onnerste, als sisch noch so nem Fortz vom Außen abgrenzen!"
(Bitte hör jetzt auf Gilbert! Ich kann nicht mehr vor lachen! Man kann nicht anders als sich von seiner Außenwelt abgrenzen, nach so einem Darmwind!) Hermonn jappste vor lachen. Manfred konnte schon lange nicht mehr still sitzen. Er lag auf dem Boden und hielt sich seinen Bauch, so sehr lachte er.
„Ehr Buuwe, isch konn nemmeh vor lache! Unn eier Koppweh schoine a fort zu soi. Alla kumm Gilbert, mer mache Hom! De Kurddii suchd disch schun iwwerol. Macht's gud eher Leid!"

(Also Jungs, ich kann nicht mehr vor lachen, ich begebe mich auf den Heimweg. Euer Kopfweh scheint geheilt zu sein. Komm mit Gilbert, wir gehen Heim. Kurddii sucht dich bereits überall. Macht's gut Jungs!) verabschiedete sich Hermonn, der Meister Inderruh alias Gilbert mitnehmen wollte.
„Mach's besser, wonn des bringsd!"
(Mach's besser, wenn du es bringst!) riefen die Butzewärm im Chor.
Aber Meister Gilbert Inderruuh wollte bleiben.
„Nun, ich werde hier bleiben und meiner inneren Ruhe nachgehen!" sagte Gilbert, immer noch in der Ruhe.
„Mach koon Bledsinn unn kumm mid! De Kurddii sucht disch!"
(Komm mach keinen Blödsinn. Komm mit, Kurddii sucht dich!) sagte Hermonn eindringlich.
„Tut mir leid, ihr guten Waldgeschöpfe. Geht eures Weges. Ich bin hier in innerer Mission! Mein Name ist nicht Gilbert sondern Inderruuh aus Indien!" belehrte der Wurm.
„B'stimme konn'er immer noch gud, unn belehrn aaa, gell!"
(Bestimmen kann er immer noch gut, sowie andere Leute belehren!) flüsterte Manfred kichernd.
„Im Käern scheunt er noch de Old zu seu. Äwwer komisch is des schun. Er is do net ello. Isch ded soche, denn kenne mer do losse, mer kimmern uns ewing speder um die orm Greadur!"
(Er scheint noch derselbe zu sein, tief in seinem Kern. Aber er verhält sich seltsam. Beruhigend ist, dass er hier nicht alleine ist. Ich schlage vor, wir kümmern uns etwas später um den armen Kerl und laufen erst mal hoch zu Waldheini!) flüsterte Hermonn zurück.
Manfred und Hermonn schauten sich noch einmal zu der plärrenden Meute um. Dann hoben sie ihre Pfoten, verabschiedeten sich und zogen weiter. „Wie des nur dodezu kumme is, das der Gilbert, also quasi zu dem Inderuh worn is?" (Wie es sich wohl zugetragen hat, das Gilbert zu Inderuh wurde?) überlegte Hermonn laut. Manfred zuckte nur mit den Schultern und murmelte: „Isch kenn' Leid?" (Leute gibt's auf der Welt, tztztz...)

* * *

12. Die Überlebensstrategie der Modautaler Wild-Saj

Es is weid iwwer Dälsche bekonnt,
dass unser olde Hose häwwe sisch ernonnt,
die Wildsaj se schitze, wos do a kumme mog
mer erkennd se net meh im Dreibjochdesog.
Sie beweje sisch seit Johr quasi wie unsischbor
das kon Jäjer e Wildsau meh schieß is wirklich wohr.

„Ach, lings nuff unn schnaufe, orrer liewer dorsch Bronne dabbe unn net se veel steile Berg lafe unn schnaufe misse."
(Links hoch und außer Atem sein? Oder lieber durch Brandau laufen und nicht den steilen Berg hoch.) überlegte Hermonn.
„Hermonn! Nuff is nuff! Äjendwonn mussd du am mol e wingk schnaufe. (Hermonn! Hochlaufen ist Hochlaufen, die Neunkirchner Höhe ist oben. Sonst würde es die Neunkirchner Tiefe heißen! Irgenwann musst du mal den Berg hoch und auch ein bisschen schnaufen!) konterte Manfred genervt. Sie liefen mal gerade aus, dann wieder mehr links, gingen Steigungen aus dem Weg, letztlich kam er gegen Abend am Schützenhaus raus. Wieder die Frage links berghoch oder rechts gerade aus.

Irgendwie musste man doch auch da hoch kommen ohne ständig außer Atem zu sein. Der Waldweg ging gerade aus. Die Dämmerung kam. Irgendwo im Wald lehnte Hermonn sich an einen Stein und pustete die Luft aus seinen Lungen.
„Wie long soll des noch so geh?“ wollte Manfred wissen.
„So long, bis mer drowe sin!“ antwortet Hermonn knapp.
Beide blickten sich an, blieben wie angewurzelt stehen. Es verschlug Hermonn und Manfred den Atem, als sie etwas laut und wild schnaubend auf sich zu rasen sahen.
Unfähig auch nur einen Piep zu machen, wirbelte das schwarze Etwas Hermonn und Manfred vor lauter Geschwindigkeit durch die Luft, und sie landeten unsanft auf dem Boden.
„Kennt en Kuggelblitz gewäse seu!“
(Das könnte ein Kugelblitz gewesen sein!) überlegte Hermonn. Eine Quietschestimme zählte ganz laut „Drei-Zwei-Eins-Looooooooooos!“
Wieder kam dasselbe Geräusch, nun aus der anderen Richtung, auf sie zugeschossen, und raste an ihnen vorbei. Da sie noch am Boden lagen, blieb ihnen dieses Mal der Salto in der Luft erspart.
„Wos soll'd n die depp Rennerei?“
(Was soll das Gerase hier im Wald?) schrie Manfred.
„Ouw! So enärgisch kenn isch disch gor ned, Monfred!“ grinste Hermonn.
„Bist nemal de ruhischäre vun uns zwa!“
(Oh! So energisch kenne ich dich nicht, Manfred! Von uns zwei bist du doch normal der Ruhigere!) stichelte Hermonn bezüglich Manfreds Wutausbruch.
Klack, klack. Klack, Klack. Kam etwas aus der Dunkelheit auf die Beiden zu.
„Wer stört unser Training!“ wollte ein anhumpelnder alter Hase mit Hut und Stock wissen.
„Wos fer Training?“ wollte Manfred wissen.
„Welches Training! Welches Training“ äffte der Hase Hermonn nach.
„Na das ausgeklügelte Überlebenstraining für die Wildschweine!“ sagte der Hase mit Hut und Stock verärgert, aber auch stolz.
„No! Wer will donn denne digge Wätz on de Kroche?“

(Na! Wer will denn diese großen stolzen Tieren erlegen können?) wollte Manfred verwundert wissen.
„Die Jäjer!“ antwortete der Hase Ludwig Langohr mit einer lautlos krächzenden und geheimnisvollen Stimme.
„Sie sind es, die sie niederstrecken! Aber nicht mit uns! Wir haben uns eine einmalige Strategie ausgedacht, die sich in den letzten Jahren bewährt hat.“
Lautes Gelächter schallte aus Richtung der großen Buche, in der Nähe der Weggabelung.
Der Hase mit Hut und Stock machte eine eindeutige Handbewegung, dass Hermonn und Manfred ihm folgen sollten. Sie gingen in die Dunkelheit, direkt auf das Gelächter zu.
Kurz darauf waren alle still.
Sie standen an einem großen Hochsitz, mitten im Wald. Es schienen hunderte von Wildschweinen zu sein, die sich im ganzen Umkreis um den Hochsitz versammelt hatten. Vor dem Hochsitz standen vielleicht zwölf weitere alte Hasen mit Strickkappe und Gehstöcken.

„Wir bilden und statten die Wildschweine aus, so dass sie auf's Beste getarnt sind." sagte der humpelnde Hasen-Anführer.
Das Gelächter des ganzen Rudels ertönte von neuem.
„STILL!" befahl der alte Hase mit dem Stock drohend in der Luft fuchtelnd. Obwohl, manchmal könnte man auch glauben, der Stock wäre eine Gehhife, doch er wird mehr als man denkt nur mitgenommen, um optisch auf sich aufmerksam zu machen und um wild damit in der Luft herumzufuchteln und dem zu drohen, der sich ihnen in den Weg stellte.

Auf jeden Fall, war heute Abend das Treffen der Modautaler Wildschweinrotten.
Schließlich trainierten die pensionierten Hasenherren die „Wild-Saj" erfolgreich seit vier Jahren, mit einer ganz offiziellen Iwwerläwenstradegie fer Schwarz-Kiddel (Überlebenstraining für Wildschweine).

„Wolfgang! Horst! Vortreten!" befahl Ludwig-Langohr die Chefs der Wildschweinrotten.
Mit einem hämischen Grinsen fragte Ludwig-Langohr Wolfgang Wildwutz, den ersten Anführer der Klo-Biewerare Wild Wutze (Klein-Bieberauer Wildschweine): „Wie kommt ihr zurecht mit dem getarnten Leben im Wald?
„Noja, isch will emol so soche, Ludwisch, Tarnung is alles!"
(Lass es mich mal so ausdrücken, Ludwig, Tarnung ist alles!) antwortete Horst.

„Glabt mer's!" (Glaubt es mir ruhig!) fuhr Wofgang Wild-Wutz fort „Ehr hedd des G'sischd vun dem Jäjer säje solle! Isch ded moin Ringelschwontz druff wedde, dass der Jäjer im Läwe ko Flint me in die Henn nimmd!"
(Du hättest das Gesicht des Jägers sehen sollen! Ich würde mein Ringelschwänzchen darauf verwetten, dass der im Leben kein Gewehr mehr in die Hand nimmt!) lachte Wolfgang Wild-Wutz und schaute Horst Worschtschnuddel Schwarz-Kiddel auffordernd an.

Der erste, aber etwas langsamere Anführer der Hoxhehler Wildschweine, nämlich Horst-Worschtschnuddel Schwaz-Kiddel, hörte Wolfgang zu. Hoxhehler (Hoxhöhler) warten generell erst mal ab, bevor sie sich auf's erstbeste Gespräch stürzen.
Hermonn und Manfred schauten sich an, bis sich Hermonn entschloss in die Runde zu fragen: „Um wos geht's donn bei dere Sach genaa?"
(Um was geht es denn bei eurem Treffen genau?)
Wolfgang Wild-Wutz aus Klein Bieberaus seufzte tief.
„Alla, donn vezehl isch's hald nochemol, gonz ello fer eisch zwaa!"
(Na gut, dann erzähle ich es eben nocheinmal, ganz alleine für euch zwei!) begann er.
„Mer häwwe vun denne Hose e Hosekostiim griegt! Des misse mer immer o ziehe, wenn mer in de Wold naus gehen. Donn säje mer aus wie Hose unn wärn net dod g'schosse!"
(Wir haben von den Hasen ein Hasenkostüm bekommen. Das müssen wir immer anziehen, wenn wir in den Wald gehen. Wir sehen aus wie Hasen und werden aus diesem Grund nicht mehr erschossen!) berichtet Horst Worschtschnuddel Schwaz-Kiddel stolz.
„Im Ernst, hod des schunn emol oner ausprowierd?"
(Ernsthaft, hat das schon jemand mal ausprobiert, ob es funktioniert?) fragte Manfred interessiert.

„De Wolfgong hod de Ernstfall erläbd. Ehr lachd eisch kabudd! Es dutt mer lad Wolfgong, isch muss des a nochemol hern! A uff so e Idee zu kumme, des kenne ner so olde Hose, die de gonze Doog Zeit sem Iwwerleje häwwe! Do kimmt jo a koo no'mali Sau druff! Sei so gud, unn vezehl nochemol, isch konn des gor net glawe, dass des geh soll! Solle die Jäjer wäklisch so o-fellisch soi?"
(Ja, der Wolfgang hat das Kostüm zum ersten Mal diese Woche ausprobiert. Ihr lacht euch schlapp. Es tut mir leid, ich muss das einfach noch einmal sehen! Auf so eine Idee zu kommen, dass können nur so alte Hasen, die den ganzen Tag Zeit zum Nachdenken haben. Da kommt kein normales Wildschwein drauf! Sei so lieb und und erzähl noch einmal wie das war! Ich kann es nicht glauben, dass sowas gehen soll. Sind die Jäger wirklich so zu täuschen?) bat de Hoxhehler Horst Worschtschnuddel Schwaz-Kiddel.

Wolfgang-Biewera-Wild-Wutz lachte und begann sein erstes Erlebnis mit seinem Hasenkostüm nachzustellen: „Also, Horst, des war die Woch so: isch hogg do so im Schlombes rim, was'de so mid mer gonz ello. Die Veggel peife noch e bissje, es wärd dungel im misch rim, mer is gonz onersder worn, unn im moi Herz gonz worm. Isch woll'd emol, so aus dere Summerloune nuff zu de Onneliese. Isch schubber misch lings, kratz misch e bissje rätschs on dem Bomstomm unn säh ons vun denne rore Gliehwärmschen flieje, vor denne mer immer gewarnd wärn, weil die die Jäjer losschigge. Geisdesgäjewärdisch fällt mer de Ludwisch Longohr oi, der mer g'sod hod, hied disch vor denne rore Gliehwärmschen. Die stesche disch, du fellsd im unn wachsd nemeh uff. Isch ruck zuck moi falsches Hosekosdiem ogezoche, misch hie gehoggd und mid de Noos gewaggelt. Des zerrernde Gliehwärmsche hot uffgehert uff moi Hern se leischde. Isch wolld misch schun werrer enttarne, als uff omol zwa Jäjer direkt vor mer stehn, die Flint in de Henn, genaa vor moim Schwelles.
Grod wie die ersde Schweißdrobbe uff moim Härn zu säje worn, kimmt es aller Besde: als der Jäjär vor mer g'stonne hot, guggd der misch vun owwe bis unn ou, isch häb schun gedengt, moi Tannung wär uff'gloche, säjgt der doch zu soim Kollesch: isch glab unser Hose sin kronk, die säje jo aus wie Sau!"
(Also, Horst, nur für dich: Ich sitze im Schlamm, so mit mir ganz alleine. Die Vögel singen noch ein wenig ihr Abendlied, langsam wird es dunkel um mich herum und mir wird ganz warm ums Herz. Ich wollte eigentlich aus dieser Sommerlaune heraus, zur Annelies hoch. In freudiger Erwartung schubber ich mich links, kratze mich rechts und sehe plötzlich eines dieser roten Glühwürmchen um mich herum fliegen. Geistesgegenwärtig fiel mir Ludwig Langohr ein, der mir sagte, ich solle mich vor diesen roten Glühwürmchen hüten. Sie stechen zu, du fällst um und wachst nie mehr auf. Ich zog mir ruck zuck mein falsches Hasenkostüm über, setzte mich sofort hin und wackle mit meiner Nase. Das zitternde Glühwürmchen hat aufgehört zu leuchten auf meiner Stirn, ich wollte mich schon wieder enttarnen, als plötzlich zwei Jäger vor mir stehen, das Gewehr in der Hand, genau vor meiner Stirn. In dem Moment, als die ersten Schweißtropfen auf meiner Stirn zu sehen waren, kommt das aller Beste: Als der Jäger vor mir mit dem Gewehr stand,

schaut er mich von oben bis unten an, ich dachte schon meine Tarnung wäre aufgeflogen, sagte er zu seinem Jägerkollegen:
Ich glaube unsere Hasen sind krank, die sehen aus wie Sau!)

Das ohrenbetäubende Gelächter am Hasenstützpunkt war an dieser Stelle nicht mehr zu überbieten. Wolfgang ließ sich nicht bitten, er führte stolz seine Hasentarnung noch einmal vor. Er griff in seinen schwarzen Kittel und zog etwas raus. Geschickt setzte er sich zwei lange Hasenohren auf den Kopf und schob sich zwei breite, helle Stöckchen in den Mund. Er konnte nun nicht mehr deutlich reden, weil sonst die zwei Stöckchen, die wie Hasenzähnchen aussahen, aus der Schnauze fallen würden. Wie ein Bauchredner zischten folgende Laute aus seinem Mund „Esss isss wissssdisss, dasss de goonzsss ruissschz sitze bleisssst, net beweje!
Unn wenn doch: nur hibbe!"
(Es ist wichtig, dass du in einem solchen Moment ganz ruhig bleibst und dich nicht bewegst. Und wenn du dich doch bewegen musst, darfst du nur hüpfen!) erklärte Wolfgang.

„Du heilisch Sau im Hoooseberg! Du siehst jo wäglisch aus wie e Karniggel! A gugg emol do hiii, jetzt schield der a noch!"

(Ach du lieber Himmel! Du siehst ja wirklich einem Hasen zum Verwechseln ähnlich! Schau dir das mal an, jetzt schielt der auch noch!) hielt sich Manfred den Bauch vor lachen, so dass er sich an Hermonn anlehnen musste. Aber Hermonn japste nur noch und quietschte in hohen Tönen, weil er vor lachen keine Luft mehr bekam.

Ludwisch Longohr, der erste Pensionierten-Hobbyüberlebenstrainer-Hasen, war stolz über diesen ersten tadellosen Überlebensbericht des tapferen Wolfgang. Es bestätigte ihn in seiner neuen Lebensaufgabe, die Waldbewohner zu schützen und am Leben zu erhalten. Und was die Modautaler Hobby-Jäger und Treibjagtd-Helfer nicht wissen ist, dass am Abend der Besprechung ein alter, als gutgetarnter Pensionierter-Hobby-überlebenstrainer-Hase mit Stock und Hut unter ihnen saß, um noch in der selben Nacht, die „Karte“ zu verraten, wo und wie die Jäger das Wild treiben würden …

* * *

13. Die Schönschnabel-Hühner vom Hühnerwald

Des Modautal steht unnerm gligglische Stern,
so häwwe uns unser Gliggs-Hingel gern.
Sie beschütze do jeden seid de Geburt
sogor onner Leid, jeden der se gern ho dutt.
Wenn se om helfe, do leischde se quiddegääl
es sin klone Wäse die die Seel erhellt.
Zwa Meglischkeitde dun se om immer soche,
velleischd a e driddi wenn mer dutt froche.
Sie stehn om bei, dunn Ääbbe net kreje,
es sin goldische Hingel, die om ofach im Herz beweje.

Manfred und Hermonn haben es sich irgendwann spät in der Nacht bei einem Felsen unter einem jungen Buchenstämmchen bequem gemacht. Dicht aneinander gekuschelt und eingerollt wachten sie am nächsten Morgen auf.

„Ge moje!“ sagte Hermonn verschlafen.
„Ge moje!“ sagte Manfred gähnend zurück.
„Ouw mon! Isch heed net gedengt, dass des so long dauert! Mid dem do nuff dabbe!“
(Ach Mensch! Ich hätte nicht gedacht, dass es so lange dauert nach Neunkirchen zu laufen!) grummelte Hermonn vor sich hin.
„Is des deu onzischsd Problem, dass du sem schwitze unn schnaufe kimmst? Wenn du disch e klo bissje mehner beweje deds‘d.“
(Ist das dein einziges Problem, nur dass du schwitzen musst und außer Atem kommst? Wenn du dich öfter mal bewegen würdest.)
„IS GUT!“ unterbrach Hermonn Manfred barsch, „waß isch a!“
„Also kumm, mer mache los!“ sagte Manfred. Er wusste, dass er Hermonn nicht mit diesen Diskussionen kommen musste. Deshalb war er ihm auch nicht böse und musste nichts aus Prinzip ausdiskutieren. Sie liefen eine ganze Weile, bis es Manfred nicht mehr aushielt und doch noch einmal nachhakte.
„Hermonn! Isch will jo nix soche, äwwer mer lafe jetzt schun e gonzi weil werrer Berg nunner!“ (Hermonn! Ich möchte dir nicht zu nahe treten, aber wir laufen seit geraumer Zeit bergrunter, statt rauf!) stellte Manfred vorsichtig fest.
„Isch muss wos dringe unn esse! Do unne sin doch die Hingel on de Besch. De Schoo hod b‘schimd wos se dringe unn se esse fer uns do!“
(Ich muss etwas Trinken und Essen! Dort unten, wo die Hühner wohnen ist doch auch der Bach. Der Schoo gibt uns bestimmt etwas zu trinken und zu essen!) erklärte Hermonn.
Manfred verdrehte die Augen „Hermonn, des misse mer alles werrer nuff und isch häb ko Lust als en als, mid der se diskgediiern!“ (Hermonn, wir müssen das alles wieder hoch laufen und ich habe nicht immer Lust, das mit dir auszudiskutieren!) wurde Manfred etwas energischer.
„Äbb äbb“, hörten Hermonn und Manfred, die ersten Schnönschnabelhühner aus dem Hühnerwald äbben.

Hermonns und Manfreds Kommen blieb nicht unbemerkt. Über viele Ecken erfuhr ruck zuck der Schönschnabel-Hühner-Chef Schoo Schönschnabel von ihrem Besuch.

Das Äbben der Schönschnabel-Hühner wurde immer lauter.
„Äbb Äbb!" begann Schoo Schönschnabel vom schönsten Felsen seinen Begrüßungstext auf Hochdeutsch.
„Äbb Äbb Hermonn, du Sohn des Waldheinis!" äbbte Scho Schönschnabel freudig etwas hochdeutsch angehaucht.
„Ja Gude du scheener Schnawwel!"
(Grüß dich du schöner Schnabel!) lachte Hermonn!
Hermonn war in seinen Kindertagen oft bei Schoo Schönschnabel. Er war damals nicht so Wasserscheu und bewegungsunfreudig wie heute. Er genoss es als Bärenjunge zu toben und im Wald umher zu tollen. Er planschte mit den jungen Schönschnabel-Hühnern ausgelassen im Bächlein und genoss es, sich im weichen Moos von der Sonne trocknen zu lassen, während Waldheini und Schoo Schönschnabel den Dingen des Lebens auf den Grund gingen.
„Äbb Äbb, hos du's im Kreiz orrer warim lefs'd du so steif?"
(Äbb Äbb, hast du Rückenschmerzen? Du läufst ganz steif!) wollte Schoo Schönschnabel von Hermonn wissen.
„Der hot's net im Kreiz! Der hot's im Kopp, weil er Ongst hot, dass er beim Beweje ins Schwitze kimmt, donn lesst er liewer glei gonz bleiwe. De Hermonn is chronisch U-gelengisch!"
(Nein, er hat es nicht im Rücken. Der hat Angst vor der Bewegung, weil er denkt, dass Bewegung ihn ins Schwitzen bringt. Dann lässt er es lieber ganz.) witzelte Manfred, bevor Hermonn antworten konnte.
„Vun wem hot'dern des ve'äbbt krigt? Vun de Fefi unn em Woldhoini wohl eher net!?" stutzte Schoo Schönschnabel. „Hermonn, isch vezehl der mol wos! Kumm, setz disch emol do bei misch!"
(Von wem hat er denn diese Bewegungsunlust vererbt bekommen? Wohl eher nicht von Fefi und Waldheini. Hermonn, ich erzähl dir mal was! Komm setzt dich zu mir!) hatte Schoo Schönschnabel eine Entscheidung getroffen.
„Sitze konn er gut!" lachte und kommentierte Manfred ungeniert.
Hermonn warf Manfred einen mürrischen Blick zu, setzte sich aber gerne neben Schoo.
„Jeder muss sisch beweje, vestehst de?
Wenn all minoner bequem wär'n, Imwäje mache den, ded alsemol wos schlimmes bassiern.

Waßd de, die Modautaler Woibärgschnägge sin ned die schnellsde. Äwwer domols, wie unser Besch vum veele Räje mid Holz unn Laab vestobbt wor, häwwe die uns geholfe unn sin nuff gerennd zum Woldhoini unn häwwen gehold. Die häwwe sisch a beeild, obwohl se longosom sin.
Mer Gliggshingel kenne nur do in dene Sto rim ridsche, mer häwwe die Schnegge gebrauchtd, die de Woldhioni gehold häwwe. Ohne Wasser vedroggne mer Hingelschen unn donn kenne mer nemmeh fer unser Leid in unser Dälsche do soi und Gligg bringe!"
(Jeder muss sich bewegen. Wenn alle bequem wären und ständig vor Bequemlichkeit Umwege machen würden, dann würde auch mal was Schlimmes passieren.
Weißt du, die Modautaler Weinbergschnecken sind nicht die schnellsten. Aber damals, als der viele Regen unsere Bach mit Laub und Holz oberhalb des Hühnerwaldes so verstopft hatte, dass kein Wasser mehr zu uns runter geflossen ist, haben uns die Schnecken geholfen. Sie sind hoch nach Neunkirchen zum Waldheini „gerannt" und haben ihn geholt, dass er uns helfen kann. Sonst wären wir Hühner vertrocknet und wir wären nicht mehr hier. Und wir könnten unseren Menschen im Modautal kein Glück mehr bringen!) erklärte Schoo und fuhr fort.
„Des häb isch net gewissd!" staunte Hermonn.
„Ja, monsche mol git's mehner wie mer waß!" nickte Manfred wissend.
„Ääbb Ääbb," begann Scho Schönschnabel weiter, „De Woldhoini wor innerhalb vun nem Doog do hunne. Der hod mid e poor g'schiggde Hondgriff rugg zugg des Wasser werrer sem Lafe gebrochd." (Ääbb Ääbb, der Waldheini war innerhalb eines Tages hier unten. Er hat mit ein paar geschickten Handgriffen ruck zuck das Wasser wieder zum Laufen gebracht!) sagte Schoo voller Anerkennung.
Hermonn lächelte: „Ja, moin Babba hod schun veel hegebrochd und geholfe!"
(Ja, mein Papa hat schon viel repariert und geholfen!) sagte er stolz.
„Donn wor'em mer Hingel so dongkbor, das mer fer den Hoini e morts Fesd g'feierd häwwe!"
(Die Schönschnabel-Hingel waren Waldheini so dankbar, dass sie ihm eines ihrer berüchtigten Feste zu gute kommen ließen.) berichtet Schoo weiterhin mit stolzer Brust.

„Mer worn, Ääbb Ääbb so gligglisch, dass mer gonze Gliggshingel zommegeholfe häwwe unn häwwe dem Woldhoini e Kabb aus Filzmitzemoos gemochd.
Im Odenge on unser Scheene Schnäwwel soll de Woldhoini immer wisse dass immer e Wahl hod, wenn's wos zu endscheide git. Es gid immer zwa Wäje die mer nemme konn. Quasi immer em scheene Schnawwel no, Ääbb Ääbb!"
(Wir waren, Ääbb Ääbb so glücklich, dass wir Glückshühner alle zusammen geholfen haben und haben Waldheini eine Mütze gemacht, zum Andenken an uns Schönschnabel-Hühner. Wir wollten ihn damit wissen lassen, dass er immer eine Wahl hat, dass es immer mindestens zwei Möglichkeiten gibt, wenn er eine Entscheidung treffen muss.) erklärte Schoo Schönschnabel.

Hermonn schaute Manfred erstaunt an.
„Doher hot de Babba die Kabb! Isch häb misch schun immer gfregd, wos des soi soll!"
(Ach von den Schönschnabel-Hühnern hat mein Papa die Kappe! Ich habe mich schon immer gefragt, welche Bedeutung sie hat!) sagte Hermonn überrascht.
„Jetz wisse mer's!" lachte Manfred.
Hermonn wurde ernst. „Mer hod immer e Wahl?" hakte Hermonn noch einmal bei Schoo nach.
„Ääbb Ääbb, mer hod mindesdens zwa Meglischkeide. Unn vielleischd segor oni meh, wie mer gedengd hod, weil mer wos noch gor net in bedrochd gezoche hod!"
(Ääbb Ääbb, man hat immer mindestens zwei Möglichkeiten. Und vielleicht sogar eine mehr als man dachte. Weil man eine dritte Möglichkeit noch gar nicht in Betracht gezogen hat!) erklärte Schoo Schönschnabel.

„Ääbbele Ääbb" hörten sie eine ganz freundliche weibliche Stimme eines Schönschnabel Hingels. Zwischen einer moosbewachsenen Felsspalte flutzschte Schoos Frau Scheelinde hervor. Sie hatte ein zusammengeknotetens Stoffbündel auf ihrem Rücken liegen. Als sie bei ihnen ankam, ließ sie das Stoffbündel geschickt von ihrem Rücken vor Hermonn's und Manfreds Füße rutschen.
„Riwwelkuche ohne Kuche! Isch dengk als werrer isch dromm wenn isch die Riwwel vun de Scheelinde risch!" lief Hermonn das Wasser im Mund zusammen.
Da Schönschnabel Hühner keine Hände hatten, konnten sie auch keinen Teig kneten. So verschafften sie allerhand Leckerein wie Beeren, Weizen und Kräuter in die Riwwel.
„Ääbbele Ääbb!" äbbelte Scheelinde, „Loss'ds eisch schmegge! Isch häb gedengd, ehr hed b'schimmd Hunger?!"
(Ääbbele Ääbb! Lasst es euch schmecken! Ich dachte mir, das ihr bestimmt Hunger habt!)
Hermonn droppste aus Versehen etwas aus dem Mäulchen, so arg war ihm das Wasser im Mund zusammen gelaufen.

„Äbb Äbb!“ lachte Schoo Schönschnabel von ganzem Herzen, „do konn oner s‘ Enn ned obworde vor lauder Frad uff die gude Riwwel!“
Hermonn hielt sich wegen Schoo zurück, weil er vor Höflichkeit abwarten wollte, ob Schoo noch etwas erzählen wollte über Waldheini, seine Mütze oder die Bach.
Aber Schoo und Scheelinde kicherten und sagten gleichzeitig: “Alla ehr Buuwe, essd ruhisch!“ Denn auch Manfred sah sehr sehr hungrig aus.
Hermonn und Manfred genossen die Riwwel sichtlich und ließen sich Zeit beim Essen.
„Hot‘s g‘schmeggd?“ wollte Scheelinde wissen. Doch die zufriedenen Gesichter sprachen für sich.
„Es hat subber g‘schmeggd!“ schmatze Manfred.
„Äschd wohr! Donge fer des gude Esse!“ sagte Hermonn.

„Was‘d du Schoo, mer häwwe so veel schene Sache do in unserm Dälsche. Und äjendwie waß jeder, wos er fer e Uffgab hodd. Isch bewunner moin Babba so. Isch will a wos kenne. Isch will a wer soj, und isch will a, dass de Hoini und die Fefi stolz uff misch soi kenne!“
(Weißt du Schoo, wir haben in unserem Tälchen so schöne Dinge. Und irgendwie weiß jeder, welche Aufgabe er hat. Ich bewundere meinen Papa so sehr. Ich möchte auch das können, was er kann. Ich möchte auch jemand sein und ich will auch das mein Papa der Waldheini stolz auf mich sein kann, wie meine Mama die Fefi!) sagte Hermonn traurig.

„Wos g‘felld der do dro, bewunnert zu wärn, Hermonn?“
(Was gefällt dir daran, bewundert zu werden, Hermonn?) fragte Schoo in ruhigem, aber liebevollem Ton.
„Wenn oner bewunnert wärd, donn is er wer!“
(Wenn jemand bewundert wird, dann ist er wer!) sagte der Bär erhaben.
„Wer ist er denn dann?“ fragte Schoo zurück.
„Aja, so oner, den se all kenne! Oner, den se all ernsd nemme! Oner, der segt wos gemochd wärd, unn all dunn se hosche! Oner, der iwwer alles hersche dutt!“

(Na, so einer, den sie alle kennen! Einer, den sie alle ernst nehmen! Einer, der sagt, was gemacht wird, und alle hören ihm zu und machen das, was man ihnen sagt! Einer, der über alles herrscht!) erklärte Hermonn.

Nachdem er fertig gesprochen hatte, schaute Hermonn Schoo erstaunt an und fragte:
„Soch emol, genaa du missd des eigentlich wisse! Du bisd doch a so oner, den se all bewunnern!"
(Sag mal, genau du müsstest das eigentlich wissen. Du bist doch auch so einer, den sie alle bewundern!)
Schoo lachte. „Bewunnern he orrer her, egal wer und wos mer is, a en Kenisch muss lafe, dass er bewunnert wärd!"
(Was glaubst du, Hermonn?! Auch ein König muss laufen und sich bewegen, dass er bewundert wird!) erklärter er Hermonn.
„Wos ehr als mid eierm Lafe unn beweje hätt?"
(Was ihr immer mit Laufen und Bewegung habt?) entfuhr es Hermonn wütend.
„Du hosd immer die Wahl, des wolld isch der mid dere Kabbeg'schischd vum Woldhoini soche!
Du konnsd lafe, musd äwwer net. Do hosd du zwa Entscheidungen. Wonn de des One machsd hod des Konsequenze, wonn de des Onnern machsd hod des a soi Konsequenze. Egal wos du machd, omol mußd du e Entscheidung treffe, wos de willd!"
(Du hast immer die Wahl, das wollte ich dir mit der Geschichte, wie Waldheini zu seiner Mütze kam, sagen. Du kannst laufen, musst aber nicht. Du hast im Leben immer mindestens zwei Entscheidungsmöglichkeiten. Aber für jede Entscheidung die du triffst, musst du auch die Konsequenzen tragen. Und einmal musst du im Leben damit beginnen, eine Entscheidung zu treffen.) erklärte Schoo, der bei dieser Erzählung angefangen hatte etwas golden zu leuchten.
Hermonn schaute Schoo ganz gebannt an.
„Wos glabst du, wos de Woldhoini ausmacht?" wollte Schoo von Hermonn wissen
„Des was isch net!" antwortet Hermonn und sah etwas verloren aus.

Manfred folgte dem Gespräch ganz gespannt. Er merkte, dass sich bei Hermonn irgendetwas tat, er begann tatsächlich zu überlegen und über sich nachzudenken.
„De Woldhoini hod soi Uffgab im Läwe g'funne."
(Waldheini hat seine Lebensaufgabe gefunden.) sagte Schoo.
„On wos merkd mer, dass mer es rischdische im Läwe g'funne hod, wos soi Uffgab is, Schoo?"
(An was merkt man, dass man das Richtige im Leben gefunden hat, was seine Lebensaufgabe ist, Schoo?) wollte Hermonn wissen.
„Wenn mer des wos vun Herze macht gern macht. Wenn mer net driwwer noch denkt, wos mer ver ärwend dodemid hot. Wenn mer mid em u'bendische Spass unn mid ne große Frad de Dooch iwwer wos macht unn net mergd wie die Zeit ve'geht. Unn wenn des wos mer macht, nem onner wos hilft. Donn is es genaa es rischdische! Waßd du, de Woldhoini macht de Wolduffbasser, weil er gor net onnerschder konn, mit Fraad. Des machd soi Herz gonz oig uff. Fer denn git's nix Schenneres, wie die Nadur speer, im Gleichgewischd se soi und de Nadur se helfe."
(Wenn man eine Aufgabe sehr gern macht. Wenn man nicht darüber nachdenkt, welche große Arbeit man damit hat. Wenn man unbändigen Spass und eine große Freude über den ganzen Tag hat, bei dem was man macht. Wenn man etwas macht, was anderen hilft, dann ist es genau das Richtige. Weißt du, der Waldheini macht seine Arbeit als Aufpassbär, weil er gar nicht anders kann.
Er erfüllt seine Aufgabe als Waldbär mit Hingabe und Freude. Es macht sein Herz weit. Es gibt für ihn nichts schöneres, wichtigeres, als eins zu sein, mit dem Gleichgewicht, dem Puls der Natur.) schwärmt Schoo Schönschnabel.
„Mer is des zu veel wos moin Baba macht! Isch missd mer so veel mergge, die Blumme, die Käwwer, wonn's um weveel Uhr dungel unn hell wärd."
(Mir ist das zu viel! Ich müsste mir so viel merken. Die Blumen, die Käfer, wann es um wie viel Uhr dunkel und hell wird ...) gestand Hermonn.
„De Woldhoni brauch sich net alles merke, er sperts ofach in soine Fieß, wos die Nadur unn die Diern brauche. Er waß, dass alles mi'nonner vebunne is. Des one konn ohne des onnern net läwe."
(Walheini braucht sich nicht alles zu merken. Er spürt mit seinen Füßen, was etwas braucht und tut es einfach. Er kann ohne Worte sprechen.

Er heilt alleine mit seinen großen Fußtatzen, nur durch seine Liebe zu seinem Wald und seinen Bewohnern! Er weiß, dass er nicht der Einzige ist. Er weiß, dass jeder Bewohner, jedes Tier, jeder Zwerg, jeder Baum, jeder Stein, jeder Drache, jede Pflanze miteinander verbunden ist. Er ist nicht außen vor. Er weiß, wenn andere aus dem Gleichgewicht sind, ist er es auch. Wenn es ihm nicht gut geht, leidet der Wald. Es geht ihm nicht um Anerkennung. Er tut, was sein Herz ihm sagt und das, was der Wald, das Tal und alle dessen Bewohner brauchen. Im Stillen.) erklärte Schoo Schnönschnalbel Hermonn geduldig und sehr liebevoll.
„Isch sog's jo, des konn isch net. Isch vesteh des net. Unn isch quäl misch dodebei."
(Ich sag's ja, dass ich das nicht kann. Ich verstehe es nicht, und ich quäle mich dabei, wenn ich versuche so zu sein wie Waldheini.) stellte Hermonn etwas traurig fest.
„Alla, sis de! Wenn mer waß, wos mer net will, kriegd mer e Ohnung vun dem, wos mer will.
Du brausd a e Uffgab im Läwe. Unn des wos du gern machsd, des wort schun uff disch. Weil des kon onnern mache konn. Jetz musd du's ner noch finne, wos deu Läwensuffgab is."
(Gut, siehst du? Wenn man weiß, was man alles nicht will, bekommt man eine Ahnung von dem, was man will. Du brauchst eine Aufgabe im Leben. Und das was du gerne machst, das wartet schon auf dich, weil das kein anderer machen kann. Jetzt musst du nur noch finden, was deine Lebensaufgabe ist!) fasste der Schoo Schönschnabel zusammen.

* * *

14. Alsemol macht en Umwege sinn

Nix dutt bassiern, wenn mer mol ofach wos macht,
wenn om koner sieht unn mer vun Herze mol lacht.
Mer muss kon Zauberer soi um Magie se erläwe
wenn mer nur besonders drollisch is,
konn mer uff die Hilf vun de Modautaler Drolle zehle.
Mach ofach mol de Mund gonz weid uff
du kimmst frier orrer speder, äjendwond druff,
du singe, du lache, du donze orrer dischde
de Droll find disch, im Wold dem gonz dischde.
Gligg werst de ho, die Magie de Zufäll vesteh
unn du wärst die Sache mit onner Ache sehn.

Manfred wunderte sich sichtlich. Hermonn und er liefen am Nachmittag den ganzen Weg vom unteren Brandauer Hühnerwald zurück, Richtung Bronne. Ohne das Hermonn nur ein einziges Mal murrte. Im Gegenteil, für seine Verhältnisse war er sehr still. Zurück am Hochsitz angekommen, wo gestern Abend noch das bunte Treiben der Wildschweine statt fand, war weit und breit niemand mehr zu sehen. An der Weggabelung, an der es links steil hoch und gerade aus lang und flach zur Modauquelle ging, schlug Hermonn doch wieder den letzteren flachen Weg ein. Manfred runzelte die Stirn.
„Will de doch werrer en Imwäg mache?"
(Willst du doch wieder einen Umweg machen?) fragte Manfred vorsichtig.
Hermonn sagte nicht gleich etwas darauf.
„Wos is eigendlisch so schlimm om beweje fer disch?"
(Was ist eigentlich an der Bewegung so schlimm für dich?) wurde Manfred direkter in seinen Fragen.
„Muss isch fer alles immer e Ontwort ho?"
(Muss ich dir immer alles beantworten können?) fragte Hermonn zurück.
Manfred schwieg. Wenn so en sture Modautaler Woldbär wos net will, beißt mer uff Granit. Dann spielt es auch keine Rolle, ob es ein Waldbär, wie der Waldheini oder ob es ein Bär generell aus dem Modautal ist.
„Mon Hermonn! Es nervt misch mittlerweile äschd, dass mer wäje deum Bewejungsproblem net vem Fleck kumme. Mer häwwe Nochmiddoog unn sin noch ned emol in de Neh vun de Quell. Stadd dessen dabbe mer jetz Rischdung Garern. Mol dodevu ob'xäje, dass mer vun de Gliggshingel den gonze Wäg zurigg lafe häwwe misse!"
(Mensch Hermonn! Es nervt mich mittlerweile sehr, dass du deinen mangelnden Bewegungsdrang zu meinem Problem machst. Wir wollen seit gestern zu Waldheini und wir kommen einfach nicht vom Fleck. Wir sind noch nicht mal in der Nähe der Modauquelle, stattdessen laufen wir gerade Richtung Gadernheim. Mal davon abgesehen, dass wir den ganzen Weg von den Glückshühnern zurücklaufen mussten!) machte sich nun auch mal Manfred, so sachlich es ging, Luft.
„Des brauchst du mir net se vezähle! Isch bin jo debei!"

(Das brauchst du mir nicht sagen! Ich bin schließlich dabei!) keifte Hermonn zurück.
„Äwwer isch vesteh ofach net, wos deu Problem is?"
(Ich verstehe dein Problem nicht, Hermonn!) sagte Manfred milder, weil er merkte, dass irgendetwas in Hermonn vorging.
Oh je, das kannte Manfred schon. Hermonns suchenden Blick, nach einer passenden Sitzgelegenheit. Er schnupperte, begutachtete, testete mit den Pfoten bis er schließlich vor seiner Sitzgelegenheit hin und her trippelte. Dann nahm er Platz.
„Wos is donn!" fragte Manfred, der sich vor Hermonn gestellt hatte und seine kleinen Mäusepfoten auf Hermonns Füße legte.
Hermonn senkte den Kopf, seine Unterlippe schob sich ein wenig vor. Eine dicke Träne troppste Hermonn ins Fell.
„Hermonn?" fragte Manfred vorsichtig.
„Waßt du" schniefte Hermonn, „s is jo net, dass isch net gern laf. Wenn isch so en Bärg vor mer häb, häb isch so moi Bedenge, dass isch dess iwwerhab schaff. Isch bin so en kloone Bär unn soll immer mol werer bis do drowwe nuff lafe. Donn word meisdens a schun die Moma orrer de Babba uff misch unn freje misch, wos los is. Isch häb ofach Oongschd, dass isch des net schaff.
Donn wolle se hern, ob mers gut gehd, unn wos isch de gonze Dooch so mach. Isch konns gor net soche. Waßd du, jeder machd do wos im Wold wos wischdisch is. Äwwer isch waß ofach nix mid mer o se fonge."
(Weißt du, es ist nicht so, dass ich nicht gerne laufe. Ich habe immer Bedenken, dass ich es nicht schaffe, einen so großen und steilen Berg hoch zu laufen. Ich hab immer Angst, dass ich das nicht schaffe, schließlich bin ich nicht der größte Bär. Und mit meiner Größe soll ich immer wieder den Berg nach Neunkirchen hochlaufen. Dann warten Mama und Papa schon auf mich und fragen mich was los ist, warum ich so lange gebraucht habe, ob es mir gut geht und was ich den ganzen Tag über so mache. Das weiß ich gar nicht, was ich den ganzen Tag über so mache. Weißt du, jeder hat seine Aufgabe hier im Wald und ist wichtig. Aber ich weiß einfach nichts mit mir anzufangen.) gab Hermonn endlich zu.

„Isch mach der en Vorschlog! Mer lafe jetzt, bis es Steil werd unn donn mache mer e Peisje! Unn wos fer disch es rischdische is, des finne mer a noch raus. Loss de Kopp net hege!“
(Ich mache dir einen Vorschlag! Wir laufen jetzt solange, bis es steil wird, dann machen wir eine kleine Pause! Und was für dich das Richtige ist, das finden wir noch raus, lass den Kopf nicht hängen!) sagte Manfred und streckte ihm seine kleine Pfote entgegen.
Hermonn griff nach ihr und rutschte sachte vom Stein.
„Alla du older Bär, mer sin doch se zwat!“ sagte Manfred und schubbste Hermonn liebevoll.
„Host jo räschd.“ grinste Hermonn. Er war froh. Irgendwie fand Manfred immer die richtigen Worte.
„So en Wäg fengt immer mid em erste Schritt o, deshalb muss mer ko Ongst ho. Als on Schridd noch em onnern!“
(So ein Weg, beginnt immer mit dem ersten Schritt. Deshalb muss man keine Angst haben. Also Schritt für Schritt!) sagte Manfred, der sich richtig in Ratgeberlaune geredet hatte.
„S longt jetz! Du machst dem Gilbert noch Kongerenz!“
(Deine klugen Ratschläge reichen jetzt! Du machst dem Gilbert noch Konkurrenz mit deiner Klugscheißerei!) sagte Hermonn mit einem herzhaften Lachen und machte Manfreds Redefluß gleich ein Ende.
So schlenderten die Beiden kichernd und lachend den Weg entlang.
Bis sie vor der ersten Steigung stehen blieben.
„Des is oig steil. So steil hadd isch des net im Kopp! Mer lafe grod aus!“
(Das ist sehr steil. So steil hatte ich das nicht in Erinnerung. Wir laufen weiter gerade aus.) beschloss Hermonn!
„Bidde Hermonn! Net schun werrer! Wo willd de donn hie lafe? Noch Timbuggdu? Sei venünfdisch und kumm. E Peisje und donn geht's weider do nuff!“
(Bitte Hermonn! Nicht schon wieder! Willst du nach Timbuggdu laufen? Sei bitte vernünftig und komm. Wir machen jetzt eine Pause, dann geht es weiter rauf!) versuchte Manfred sich durchzusetzen.
Hermonn, dem die Worte von Schoo Schönschnabel noch im Hinterkopf waren, lenkte ein.
„Alla gut. Mer mache aus dem Peise e Nochd unn moje Frieh geht's glei druff unn dewärrer!“

(Also gut. Wir machen keine Pause sondern übernachten hier. Morgen Früh geht es gleich daran, den Berg hoch zu laufen. Versprochen!) beschloss Hermonn.
„Gu‘mol! Do driwwe! Des sieht doch schee aus! Do zwische denne Sto!“ (Schau mal da drüben zwischen den Steinen! Das sieht doch schön gemütlich aus!) freute sich Hermonn und lief los. Manfred folgte.

Er wusste, an diesem Granitbrocken von Hermonn würde er sich die Zähne ausbeißen, wenn er mit ihm diskutieren wollte. Und letzten Endes würde es dann doch so werden, wie Hermonn es wollte.
Durch die Buchenwipfel, die im Wind rauschten, konnte man immer mal wieder die Sterne aufblitzen sehen. Hermonn wurde wach, weil sein Bauch ganz warm wurde.
„Des veele Lafe! Jetz schwitz isch schun beim Schlofe. Isch bin froh, wenn isch drowwe bin!“
(Das viele Laufen! Jetzt fang ich schon an im Schlaf zu schwitzen. Ich bin froh, wenn ich oben bin!) dachte Hermonn. Es war ihm allgemein etwas unbehaglich. Irgendetwas zwickte ihn unterm Arm. Wie er sich drehte und wendete, es half nichts. Er musste aus seiner liegenden Position auf klettern und sich hinstellen. Er klopfte sich von oben bis unten ab. Puh. Ratlos schaute er an sich herab. Der Schlüssel den er gefunden hatte.

Mensch, den hatte er total vergessen. Er traute seinen Augen kaum. Er hing immer noch an dem Lederband von Manfred. Es war der Schlüssel, der ihn geweckt hatte. Dieser hatte sich unter seinen Arm geschoben und gezwickt. Der Schlüssel war es auch, der ihm so warm machte. Er leuchtete ganz zart und golden. Sein Fell um den Schlüssel leuchtete mit. Der Schlüssel begann sich auf seiner Brust etwas zu bewegen. Er zuckte hin und her, bis er sich am Lederhalsband erhob, und Hermonn in eine Richtung zog. Hermonn folgte widerwillig. Es war stock dunkel und Manfred bekam von alldem nichts mit. Hermonn war unfähig ihn zu wecken, weil er dermaßen überrascht war, dass er keinen Pieps hätte sagen können. Mit zügigem Schritt zog der Schlüssel Hermonn den Weg entlang, der einfach nur geradeaus ging.
Der Schlüssel zog weiter und weiter. Aus dem schmalen Weg wurde ein immer kleiner werdender, dicht bewachsener Pfad. Hermonn musste nichts sehen, denn der Schlüssel zeigte einwandfrei den Weg. Plötzlich blieb der Schlüssel am Lederhalsband in der Luft stehen. Hermonn stoppte abrupt. Vor ihm türmten sich zwei riesengroße Felsbrocken. Es gab kein durchkommen.

„Unn jetz?" fragte Hermonn. Er schaute sich um.
„En Schlissel der leischde dutt, unn in de Luft schwäbt! Isch häb's. Isch droom. Unn wenn isch drom, donn konn isch a zaubern!"
(Ein leuchtender Schlüssel, der in der Luft schwebt! Ich habs! Ich träume. Und wenn ich träume, dann kann ich auch zaubern) kombinierte Hermonn messerscharf.
„Äh – wos is donn en gude Zauberspruch? Mol iwwerleje. De Monfred hod alsemol schunn äjendwoss vun so nem schwaze Katzemallerd vezehlt … dreimol schwarze Katzemallerd, … no, des stimmd ned. Ach, jetz schlegds dreizeh, … monsd de, mer felld wos eu? Wie ging donn der los? Ach, isch glab, mid Rhabarber, … Rhabarberraa Rabbarbera, unn donn de Katzemallerd. Wos hilfts donn, wenn der ned rischdisch is? Donn wärd des nix. Ach, jetz häb isch!"

(Äh – was ist denn ein guter Zauberspruch? Mal überlegen. Der Manfred hat immer mal was von einem schwarzen Kater erzählt …

Dreimal schwarzer Kater, … Nein, das stimmt nicht. Ach, jetzt schlägts dreizehn, … meinst du, mir fällt was ein? Wie ging den der Spruch nur los? Ach ich glaube, mit Rhabarber, … Rhabarberraa, Rhabbarbera, und dann kam der Kater. Was hilft es, wenn der Zauberspruch nicht richtig ist? Dann wird das mit dem Zaubern auch nichts!) dachte Hermonn laut. Das Überlegen machte ihn müde. So setzte er sich hin und überlegte weiter. Er grübelte und überlegte, bis seine Stirn ganz faltig war. Plötzlich durchfuhr ihn ein Geistesblitz. In dieser Sekunde sprang er auf und rief: „Isch häb's! Isch waß en Zauberspruch!" überglücklich hüpfte er von einem Bein auf das andere. „Isch waß oner, isch waß oner!" (Ich kenne einen, ich kenne einen!) rief er immer wieder. Bis er stehen blieb und die zwei Felsbrocken anschaute. „Äh" räusperte er sich. „Isch fress en Bäse, wenn der net dutt!" (Äh – ich esse einen Besen, wenn der nicht funktioniert!)
„Also" Hermonn stellte sich in Pose und rief mit kräftiger Stimme: „Hinner Hermonns Honnes Haus, hänge hunnerd Hemmer haus. Hunnerd Hemmer henge haus, hinner Hermonns Honnes Haus!"

(Hinter Hermonns Hannes Haus, hängen hundert Hemden raus. Hundert Hemden hängen raus, hinter Hermonns Hannes Haus.*) grölte Hermonn in die Nacht.

„Fäärdisch!“ rief eine kleine krächzende Stimme
„Hallo?“ rief Hermonn unsicher.
»Isch glab, jetz is es besser, mol nix se soche, wer was wos noch bassiert orrer wer noch hinnerm Sto rausfehrt?!«
(Ich glaube, im Moment sag ich mal besser nichts. Wer weiß was dadurch passiert oder wer hinter dem Stein rausspringt?!) dachte Hermonn, ihm war als hätte er eine kleine krächzende Stimme gehört. Mehr und mehr verunsichert, trippelte Hermonn auf der Stelle. Er schaute die Steine an, die immer noch so felsenfest vor ihm lagen. Nichts tat sich. Unbemerkt, hatte der Schlüssel schon lange seinen Glanz verloren und hing wie eine gewöhnliche Kette an seinem Hals.
„Ge Moje!“ krächze es zu Hermonn hoch.
„Ge Moje!“ sagte Hermonn selbstverständlich zurück, fuhr vor Schreck zusammen und starrte vor seine großen Bärenfüße.
„Heilischer Bimm Bomm! Wos fer Vieh häb isch donn jetz beschworn! Bisd du de Hermonn Honnes, der Kerl mid denne veele Hemmer?“
(Heiliger Bimm Bamm! Welche Kreatur habe ich denn jetzt heraufbeschworen! Bist du der Hermonn Hannes, der Kerl mit den vielen Hemden?) fragte Hermonn erschrocken?
„Bleedsinn! Isch bin de Speggfuß Friedl und so groß wie zwaa Hondkees iwwernonner! Uff g‘stelld, gell!“ quäkst der kleine Troll kerzengerade und mit stolzer Brust. Er hatte riesen-große Fleischfüße, mit mega großen Fußzehen dran. Speggische Fieß, äwe (Speggfieß liebevolle Umschreibung für schöne kuschelige Füße).
„Speggfuß Friedl!“ murmelte Hermonn und fragte tatsächlich noch einmal nach.
„Speggfuß Friedl!“ bestätigte Speggfuß Friedl nicht weniger stolz.
„Isch was net, der Nome wärd net besser, je effter dass mer denn den hert. Im Gäjedal.“ Hermonn kicherte. Er konnte sein Lachen nicht mehr halten.
„Ja, Speggfuß Friedl bassd zu der!“ (Der Name passt zu dir!) stellte Hermonn lächelnd, aber mit Respekt fest, als er fertig gelacht hatte.

**Quelle: Zungenbrecher Sprichwort, Quelle bisher unbekannt.*

„Digge Fieß mache immer Eudruck. Mach wos drou."
(Dicke Füße machen immer Eindruck. Mach was drauß.) sagte Speckfuß Friedl mit einem leicht erhabenem Gesichtsausdruck.
„Sochemol, Spreiz- äh Speggfuß, wo kimmst du uff o mol her?"
(Sag mal, äh Spreiz- äh Speggfuß, wo kommst du denn auf einmal her?) wollte Hermonn wissen.
„Mer misse immer kumme, wenn oner b'sonders drollisch dutt!"
(Wir müssen auftauchen, wenn sich ein Wesen besonders drollisch verhält!) schmunzelte Speggfuß Friedl.
Hermonn blickte grimmig. „Wos wor donn on mer grod drollisch?" (Aus welchem Grund habe ich mich denn gerade besonders drollig verhalten?) wollte er mit übertriebener Ernsthaftigkeit wissen.
„A hoschd du der mol zugehärd, wie du den Zungebräscher g'sod hoschd?"
(Hast du dir selbst zugehört, wie du den Zungenbrecher aufgesagt hast) witzelte Speggfuß Friedl.
„Des wor net drollisch! Des wor Z A U B E R E I!" betonte Hermonn deutlich und auf gekonntem Schriftdeutsch.
„Hoschd rääschd. Des wor net drollisch. Des wor SPEGG-takulär!"
(Ja, du hast recht. Das war keineswegs drollig. Das war SPEGG-takulär) betonte Speggfuß Friedl.
„Warum segsd du des so komisch? SPEGG-takulär?" wollte Hermonn irritiert wissen.
„Des mache SPEGGfieß so, waß a net warim!"
(Das machen SPEGGfüße so, ich weiß auch nicht warum!) antwortete Speggfuß Friedl unbeeindruckt und gleichgültig, weil es ihm irgendwie noch gar nicht aufgefallen ist.
Hermonn schwieg. Er schaute an sich den runterhängenden Schlüssel an, blickte zu den Felsbrocken, dann zu Speggfuß Friedl. Dann machte er einen entschlossenen Gesichtsausdruck und biss sich beherzt in seinen Arm.
„Aaaauuuuaaaa!" schrie Hermonn aus Reflex.
Speggfuß Friedl schaute ihn mit großen Augen an.
„Des häb sich so a noch ned x'äje! Warim beiß'd du disch in deun Orm?"

(Das habe ich auf diese Weise auch noch nicht erlebt! Warum beißt du dir in deinen eigenen Arm?) fragte Speggfuß Friedl mehr als verwundert.
„Weil mers grod longt und isch will jetz uffwache!"
(Weil es mir jetzt reicht. Ich will jetzt aus meinem Traum aufwachen!) sagte Hermonn bestimmend.
„Wenn mer net dromd, konn mer net uffwache, du Spezialist!"
(Wenn man nicht träumt, kann man auch nicht aufwachen, du Spezialist!) belehrte ihn Speggfuß Friedl.
„Isch waß net, du konnst om wärklisch jedi Illusion nemme!"
(Ich weiß auch nicht, du kannst einem jede Illusion nehmen!) stellte Hermonn ernüchternd fest.

„Mer sin e Volk, dess immer uff de Punkt kimmt. Ehr Kreadurn do owwe uff em Borrem, im Wold unn uff de Wisse, kummt jo gor nimmej zu eisch. Bis die Sunn mojends uff gäjd, was eiern digge Käbber net, wonn er zu sisch kumme soll. Genaa so iss es mid eierne Schlooferei. Bis es bei eisch rischdisch dungel wärd, fengt eiern Kebber schunn noch'em Middochesse obzubaue, zu gorgse unn sisch uff die Nochd zu fran. Hunsgrodde mied, sei'der unn de gonze Middoch vor laurer Schloof nimmej zu gebrauche. Des is bei uns Droll oneschder. Do git's ner zwas Sache, dunkel orrer Hell. Schlof orrer wach soj. Mer ruhn uns aus, wenn's Zeid is und mer schaffe wenns needisch is. Vestäjschde? Mer bringe unser Läwe uff de Pungd."
(Wir sind ein Volk, das immer auf den Punkt kommt. Ihr Kreaturen, dort oben auf dem Boden, im Wald, auf der Wiese, kommt ja gar nicht mehr zu euch. Bis die Sonne morgens aufgeht, weiß euer Körper gar nicht, wann er zu sich kommen soll. Genau so ist es bei euch mit dem Schlafen gehen. Bis es bei euch richtig dunkel wird, beginnt euer Körper schon nach eurem Mittagessen abzubauen, aufzustoßen und sich auf die Nacht zu freuen. Hundemüde seid ihr und den ganzen Mittag bekommt ihr vor lauter Müdigkeit nichts mehr mit. Das ist bei uns Trollen anders. Bei uns gibt es nur zwei Sachen, dunkel oder hell. Schlafen oder Wach sein. Wir ruhen uns aus, wenn es Zeit ist und wir arbeiten, wenn es nötig ist. Verstehst du? Wir bringen unser Leben auf den Punkt.) erklärte Speggfuß Friedl selbstzufrieden.

„Isch häb nix gäje eier Läwe. Isch ve'steh immer noch net, wos des alles mid mer se do hot!"
(Ich habe nichts gegen euer Leben. Ich verstehe immer noch nicht, was das mit mir zu tun hat!) wollte Hermonn nun wissen.
„Isch kenn jo oinische. Äwwer so wos schwer vun Begriff!" schaute Speggfuß Friedl Hermonn nun energisch an, „du hoscht misch ge'ruffe! Weil de so drollisch worschd! Du brauschd Hilf! Unn do bin isch!"
(Ich kenne viele Leute. Aber so einen wie dich, der so schwer von Begriff ist?! Du hast mich doch gerufen, weil du so drollig warst. Du brauchst Hilfe, und schwuppdiwupp bin ich da.)
„Setz disch e mol bei misch!" bat Speggfuß Friedl Hermonn. Langsam begann die Morgendämmerung. Hermonn setzte sich neben Speggfuß Friedl.
„Horsch mer mol zu moin Buu! Du rennscht mudderseelen ello im Wold rimm, mid nem leischdene Schlissel, der dodezu a noch im deun Hals hengt, un waßd net, wos de dodemid mache sollscht und donn felld der nix onneres eu, um weider se kumme, als der beim Hermonn Honnes soi Hemmer inner Haus deu Zung' se ve'knibbele! Wenn des net drollisch is, waß isch a ned!"
(Hör mir mal zu, mein Junge! Du rennst mutterseelen alleine im Wald umher, mit einem leuchtenden Schlüssel um den Hals, weißt überhaupt nicht, was du damit machen sollst und dir fällt nichts anderes ein, als über Hermonns Hannes Hemden hinterm Haus dir deine Zunge zu verknoten, um weiter zu kommen! Wenn das nicht drollig ist, weiß ich auch nicht, was drollig sein soll!) erklärte Speggfuß Friedl in aller Ruhe.
„Äwe, wos is en drollisch?" wollte Hermonn nun ernsthaft wissen.
„Drollisch is mer, wenn ofach soim Herz mid Kinnerache folgt. Mer waß das es rischdisch ist, stelld ko Froche meh. Mer läbt ofach, machd e mol wos, ohne se freje, wos die Onnern denge. Du worscht iwwerzeigt dodevo, dass es rischdisch is wos du machschd. Erschd wie isch kumme bin, hoscht de werrer o'gfonge se denge unn se iwwerleje, dass des alles net soi konn, wos do grod bassierd."
(Drollig ist man, wenn man einfach seinem Herzen mit Kinderaugen folgt. Man weiß einfach, was richtig ist und stellt deshalb keine Fragen mehr. Man lebt einfach, macht einfach, ohne sich ständig zu hinterfragen oder sich Gedanken zu machen, was die Anderen von einem denken

könnten. Du warst überzeugt davon, dass es richtig ist, was du machst. Erst als ich aufgetaucht bin, hast du wieder angefangen zu denken und zu überlegen, dass das alles nicht wahr sein kann, was gerade passiert.) erklärte Speggfuß Friedl in väterlichem Ton.
„Donn waßd du vunn dem leischdende Schlissel? Des häb isch mer net eugebild?“
(Du weißt also von dem leuchtenden Schlüssel? Das habe ich mir nicht eingebildet?) drängelte Hermonn Speggfuß Friedl zu einer Antwort.
„No, des is bassierd!“ (Nein, es ist passiert!) bestätigte er ihn.
„Äwwer es hot net ner moin Schlissel geleischd, sonder a meu Fell!“ (Es hat aber auch mein Fell geleuchtet, nicht nur der Schlüssel!) wurde Hermonn mutiger und gab auch dieses Geheimnis preis.
„Genaa so is es!“ bestätigte ihn Speggfuß Friedl.
„Äwwer warim?“ bohrte Hermonn weiter nach.
„Die Hauptsach muschd du sälwer rausfinne. Wos isch der jetz schun soche konn, alles wos vun Bedeidung is, leischd quiddegääl. Die one häwwe gääle Fieß, die onnern gääle Ache und du hoschd gääles Fäll unn … ääwe wos, wos du sälwer rausfinne muschd!“
(Die Hauptsache musst du selbst herausfinden. Was ich dir aber jetzt schon verraten darf ist, alles was von Bedeutung ist, leuchtet gelb. Die einen haben gelbe Füße, die anderen gelbe Augen, und du hast gelbes Fell und … eben etwas, was du selbst herausfinden musst!) lächelte Speggfuß Friedl Hermonn geheimnisvoll an.
„Wos, wos isch selwer rausfinne muss?“ (Etwas, was ich selbst herausfinden muss?) überlegte Hermonn laut.
„Ja, Hermonn! Es wärd nedisch soi net se SPEGG-uliern, eher innwennisch se hoijsche!“
(Ja, Hermonn! Dazu ist es nicht nötig zu SPEGG-ulieren. Vielmehr horche nach innen!) gab Speggfuß Friedl erneut einen unHEIMLICH weisen Ratschlag.
Hermonn legte sich aus dem Sitzen zurück auf den Rücken und schaute in die grünen Baumwipfel. Er sinnierte und überlegte. Und dabei fiel ihm ein, dass er gerade Das nicht tun sollte. Er sollte nach innen hören. Auf sein Herz. Stattdessen meldete sich sein Magen mit einem lauten Knurren.

„Mid moim Herz konn isch net schwätze. Äwwer moin Moche segt, er het Hunger!“
(Mit meinem Herz kann ich nicht sprechen. Aber mein Magen sagt, dass er Hunger hat!) kicherte Hermonn und schaute dabei Spreckfuß Friedl an.
Der legte sich neben Hermonn auf den Rücken.
„Des brauch alles soi Zeit, du Spezialist!“
(Alles braucht seinen Zeit, du Spezialist!) lachte Speggfuß Friedl.

* * *

15. Wos e großi Kabb

En gude Freund is immer do,
wenn om wos plogd, wenn om wos frad, wenn mer is froh.
Monschmol helt er om ofach nur die Hond,
monschmol steht er a nur om Rond,
wenn du en oig schwere Wäg musst geh,
en Acheblick longt, um sisch zu vesteh.
En Freund der git Kraft, segts rischdische immer,
mit Worde, mit nem Kuche, mit nem herzlische Schimmer.
E gonz liewes donge on den Freund den mer hot,
so is mer, wo a immer, se zwott.

Am selben Morgen gähnte Waldheini besonders laut aus seiner Höhle heraus. „Liewer Himmel. Du hersd disch o, wie en Härsch.“
(Lieber Himmel. Du hörst dich beim Gähnen an, wie ein Hirsch.) sagte Fefi erschrocken, weil sie dieses Geräusch von ihm noch nie gehört hatte.
Waldheini schaute künstlich mürrisch in das Innere der Steinhöhle.
„Du, kumm mol raus.“ (Kommst du mal bitte zu mir raus vor die Höhle, Fefi) bat Waldheini.
Fefi holte tief Luft, „wos is donn schun werrer?“ (Was ist denn passiert?) wollte Fefi interessiert wissen. „Ou! E Kabb!“

(Oh, ich sehe was du meinst. Dort läuft eine Mütze!) sagte Fefi sofort, ohne Waldheinis Antwort abzuwarten.
„Japp. Do left e uhoimlisch großi Strick-Kapp!" (Genau, dort läuft eine übergroße Strickmütze!) bestätigte Waldheini Fefi.
„Guuude!" rief Waldheini zu dem, im wankenden zick zack Schritt laufenden, Mützenwesen.
„Guuude, wo donn?" wollte die Strickmütze wissen.
„Do howwe!" (Hier oben!) rief Waldheini schmunzelnd, der bereits wusste, wer unter der übergroßen Strickmütze steckte.
Mit Müh und Not schaffte es Manfred, sich die Mütze vom Bauchnabel aufwärts, hoch auf den Kopf zurück zu krempeln. „S is jo schunn hell!" (Es ist ja bereits schon hell!) stellte Manfred fest.
„Wos machst en du do howwe ello, ohne de Hermonn!"
(Was machst du hier oben alleine, wo hast du Hermonn gelassen?) runzelte Waldheini die Stirn und wollte gleich Bescheid wissen.
„Äwe, mer sin zomme gelafe, bis hinner in Wold. Do häwwe mer uns he gelegt sem schlofe und wie sisch uffgewachd bin in de Nochd, wor'er fort!"
(Sag ich doch. Wir sind zusammen bis an die Stelle gelaufen, an der das Flugzeug mal im Wald gelegen hat. Dort in der Nähe hatten wir unseren Schlafplatz für die Nacht. Und als ich nachts aufgewacht bin, war Hermonn weg.) erzählte Manfred aufgeregt.
Das gab es noch nie. Selbst wenn Hermonn mal musste, weckte er Manfred, weil er alleine unter keinen Umständen ins Dunkle ging.
„Isch häb noch geruffe: Hermonn! Heeeermoooooon! Äwwer nix hot sich memuxt. Donn häb isch gedengd, jetz muss isch wos mach. Isch häb mer moi Tarnkabb iwwer de Käbbär gezoche, dass misch ko Eile orrer Fix als Maus fresse, unn kerzegrod der Berg nuff."
(Ich habe noch ganz laut gerufen: Hermonn! Aber es hat sich niemand gemeldet. Dann habe ich mich getarnt, dass ich keine Beute für Eulen und Füchse werde. Deshalb habe ich mir meine Strickmütze direkt vom Kopf bis zum Bauchnabel gezogen, dass mich jeder für eine Mütze und nicht für eine Maus hält. Dann bin ich losgelaufen um Hilfe für Hermonn zu holen, direkt den Berg hinauf.) verschnaufte Manfred.
Waldheini und Fefi schauten sich an.
„Hm. S wor a so drogge. Des haßd, mer wärd a ko Dabbe finne ...!"

(Hm. Es hat länger nicht geregnet. Das bedeutet, dass wir keine Fußspuren finden werden, ...!) überlegte Waldheini laut.
„Fefi, wos monst du? Wos segd der deun messerschaffe Muddär-Instinkt?" (Fefi, was sagst du dazu? Was sagt dir dein messerscharfer Mutterinstinkt?) wollte Waldheini von Fefi wissen.
Fefi schloss die Augen und hielt ihre Bärenschnute mystisch in die Sommerluft.
„Gässe hod'der. Er is sood!" (Er hat etwas gegessen und scheint satt zu sein!) lächelte sie zufrieden.
„Des is jetz net deun ernst? Wos is en des fern Instinkt?"
(Das meinst du nicht ernst? Was ist das für ein Instinkt?) fragte Waldheini ungläubig.
„Wenn'er sood is, is er se frere. Haßd, s muss em jemond wos se ässe gäwwe ho, wos em g'schmeggd hod, haaßd dass ons do is, des noch em guggd, haßd dass oner waß wo er is, haßd er wärd werrer kumme. Pung'd!"
(Also ihr Lieben: wenn er satt ist, ist er zufrieden. Das bedeutet, dass jemand weiß, wo er ist. Dieser jemand hat ihm zu essen gegeben, was ihm geschmeckt hat, sonst wäre er nicht satt. Das bedeutet, dass er irgendwann wieder kommt. Punkt.) sagte Fefi, jetzt breit grinsend zu Waldheini und Manfred.
Manfred runzelte die Stirn. „No gonz toll! Do deng'd ehr doch a des selwe, wonn er bei meer in Biewera wohnt. Deshalb machd er eisch a ko Soje!"
(Na ganz toll! Dann denkt ihr das selbe von ihm, dass er bei mir gut unter ist in Bieberau. Deshalb macht ihr euch auch keine Sorgen!) sagte Manfred eingeschnappt.
„Des is e Komblimend!" (Das ist ein Kompliment!) sagte Waldheini knapp.
Fefi nahm sich dem trotzdem besorgten Manfred an. Sie machte ein stärkendes Frühstück für alle. Waldheini war weniger besorgt, als neugierig darüber, wo Hermonn wohl abgeblieben war.
Fefi schmunzelte, sie wusste, dass Waldheini sehr sehr neugierig war, was er vor anderen aber niemals zugeben würde. Deshalb tat sie ihm einen Gefallen: "Du moi Brummelsche! Wos monst de donn? Will de net emol e bissje mid em Monfred dosch de Wold lafe und emol gugge geh noch

em Hermonn? Vielleischd merggst de jo wos mid deune Fieß, wenn de noh genung on nom dro bisd?“
(Möchtest du nicht mit Manfred durch den Wald laufen und schauen, ob du eventuell Hermonn mit deinen Füßen aufspüren kannst?) schlug Fefi vor.
„Ou! Do felld mer äwwer en Sto vum Herz!“ entfuhr es Waldheini der sofort aufsprang. „Äh, nadierlisch geh isch e mol gugge. Mer waß jo nie!“
(Puhh, da fällt mir aber ein Stein vom Herzen, ich dachte du fragst nie! Äh, natürlich gehe ich raus in den Wald, um Ausschau nach Hermonn zu halten, man weiß schließlich nie!) schwächte er die Situation ein wenig ab, so dass es nicht danach aussah, als ob er gerade darauf gewartet hatte loszustürmen.
Manfred kicherte. Er kannte Waldheini schon so lange, wie er Hermonn kannte. Deshalb kannte er auch seine Neugier, die natürlich keine typisch bärische Neugier war.
„Isch kumm uff jeden Fall mid. Falls mer‘n finne, dass er glei waß, das es mer gud geht!“
(Ich komme auf jeden Fall mit. Falls wir Hermonn finden, dass er gleich weiß, dass es mir gut geht!) drängte sich Manfred auf.
„Machd jetz dass er fort kummt, ehr zwaa!“ lachte Fefi.
Waldheini und Manfred machten sich auf den Weg. Manfred genoss es sichtlich, seine flinken Mäusebeine zu benutzen und nicht ständig stehen zu bleiben oder unnatürlich langsam zu laufen, wie er es mit Hermonn immer machen musste. Stehenbleiben, warten, dann ging es langsam weiter, nur dass sich kein Schweißtropfen bei Hermonn zusammenbraute. Manfred machte viel mit. Aber kürzlich erst war er kurz vor dem Ausflippen gewesen, weil Hermonn begann sich während ihres Spaziergangs mit den Modautalern Weinbergschnecke zu unterhalten, da sie die gleiche Geschwindigkeit hatten.
Das war eine der Geschichten, die Manfred Waldheini erzählte.
„Isch konn der net genaa soche, wonn des wor.“ überlegte Waldheini, „wos de Schoo Schönschnawwel g‘sod hod stimmd. De Hermonn wor net immer se bequem. Uff de Pungd gebrochd: Faul!“ (Ich kann dir gar nicht genau sagen, ab wann das war. Was Schoo Schönschnabel gesagt hat, stimmt. Hermonn war früher nicht so bequem gewesen, oder besser ausgedrückt: Faul!)

„Alse mol mach isch mer schunn so moi Gedonge, dass des in Biewera schlimmer worn is. Waaßd de noch, wie mer vor e poor Summer nunner noch Biewera gezoche sin, de Hermonn unn isch?"
(Manchmal mache ich mir schon so meine Gedanken, dass es in Klein Bieberau schlimmer geworden ist. Weißt du noch, wie wir vor ein paar Sommer nach Klein Bieberau gezogen sind, der Hermonn und ich?)
„Ja, des dengkt mer noch, wie ehr zwaa do nunner seid. Äwwer ehr hedds gut hiegebrochd. Do konn mer nix soche."
(Ja daran kann ich mich erinnern, als ihr zwei dort runter gezogen seid. Aber ihr habt es gut hingebracht. Da kann man wirklich nichts sagen.) grinste Waldheini.
Manfred verzog seine Mäuseschnute und schaute Waldheini ernst an: "Er segt gor nix meh driwwer. Kon one Muggs machd er." (Hermonn erzählt gar nichts darüber. Keinen einzigen Ton sagt er.)
„Ja, was will er a vezehle. On Summer wor er dodenoch noch howwe. Die Fefi hod mid em schwätze wolle, isch a. Äwwer mer herd er om wenischsde zu. Dodevu ob säje hämm'mer a unsern Schaff demid kad."
(Ach was will er auch erzählen. Einen Sommer danach war er einmal hier oben. Fefi hat versucht mit ihm zu sprechen. Ich auch. Aber mir hört er am Wenigsten zu. Abgesehen davon, hatten Fefi und ich auch unsere Probleme damit fertig zu werden.) erklärte Waldheini.
„Isch häb alsemol wärklisch Zorn, weil der Kerl do unne so gor nix treiwe dutt."
(Ich bin manchmal wirklich wütend auf Hermonn, weil der Kerl dort unten überhaupt nichts treibt.) knurrte Waldheini. Mehr aber, um von dem eigentlichen Thema abzulenken, das ihm nach all den Jahren immer noch nasse Augen bereitete.
„Des stimmd net, Hoini!" verteidigte Manfred seinen Freund Hermonn vor seinem Papa.
„Der git sisch wärklisch mieh. Waßd du wie ofd der sisch soi Fieß ogugd unn vesucht des zu hern wos du herst? Wie ofd leid der mim Bauch uff de Wiss und vegrebd soi Ohr tief im Gros, weil er vesuchd uff die Ord des se her, wos du herst. En Spatz und e Mosje is fer den es Selwe. Er will so soi wie du und es will ofach net do!"
(Hermonn gibt sich wirklich Mühe! Weißt du wie oft er sich seine Füße anschaut und versucht das zu hören, was du hörst? Weißt du wie oft

er auf dem Bauch liegend sein Ohr im Gras vergräbt, weil er denkt, so besser zu hören, was du hörst? Ein Spatz und eine Meise ist für ihn dasselbe, er will aber trotzdem so sein wie du und gibt sich wirklich wirklich Mühe!!!) erklärte Manfred Waldheini geduldig.
„Des häb isch net gewissd." sagte Waldheini knapp. Er seufze tief. „Donn misse mer dem orme Kerl helfe, raussefinne, wos er will." überlegte Waldheini weiter. „Es is jo a quatsch. Isch mon, es hod nie zwa Woldhieder in de selb Familie gäwwe. Mer kumme immer vun wo onnerster her. Ofach, weil's fer uns ko Roll speld unn mer net in dem Gebied uffgewoxe soi misse. Ach isch bin doch e Kabb"
(Das wusste ich nicht. Dann müssen wir dem armen Kerl helfen herauszufinden, was er will. Es ist auch Blödsinn, denn es gab in derselben Familie noch nie zwei Waldhüter. Wir kommen immer aus einem anderen Gebiet, weil es für uns keine Rolle spielt in dem Wald aufgewachsen zu sein, den wir hüten. Ich bin doch wirklich blind gewesen, und habe nicht bemerkt, dass Hermonn anders ist.) gestand Waldheini.
„Mol im Erst Hoini. Konn donn iwwerhabd jemond in nem onner soi Fussobdrigg stabpfe?"
(Mal im Ernst Waldheini. Kann denn überhaupt jemand in des anderen Fußstapfen treten?) überlegte Manfred kritisch.
„No. Konn koner. Weil jeder onnerstder is. Kon Obdrugg is gleisch."
(Nein, kann keiner. Weil jeder anders ist. Kein Wesen hat den gleichen Abdruck.) bestätigte Waldheini. Manfred und Waldheini schauten sich an. Sie liefen derweil gemütlich durch den Wald.
„Ja, is wie's is. Isch bin ned nur Hider vum Wold und waß alles. Isch bin a Babba. Und die mone monsche mol, dass se alles besser wisse. Weil'ses gud mone mid ehrne Kinn."
(Ja, es ist wie es ist. Ich bin nicht nur Hüter des Waldes und weiß alles. Ich bin auch Papa. Und die meinen manchmal, dass sie alles besser wissen. Einfach weil sie es gut meinen und das Beste für ihr Kind wollen.) gab Waldheini ehrlich zu und blieb dabei stehen.
„Äwe. Gud gemond is ned glei gud gemochd!"
(Eben. Gut gemeint ist nicht gleich gut gemacht!) stellte Manfred fest und blieb neben Waldheini stehen. In diesem Moment fegte ein enormer Wind an den Beiden vorbei, dicht gefolgt von einer zweiten regelrechten Sturmwehe, die sie anrempelte.

„Zabbalot!“ stieß Waldheini aus, der von einem Bein auf das andere taumelte.
Aus dem stürmischen Etwas, was Waldheini angerempelt hatte, hörte er nur noch aus der Entfernung: „Nix fer ugud Babba!“
Waldheini machte aus Reflex große Augen. Er sah in den Bruchteilen von Sekunden nur knochige pinke Gelenke, Arme und Beine durch die Luft wirbeln. “Dodevo wisst ich äwwer wos!“ lachte Waldheini herzhaft.
„So‘mol, hosd du sowos schunn emol xäje? Des is jo ab gone wie e rosa Mobbed?“ sagte Manfred, der sich von seiner Schreckerstarrung langsam löste.
„Sache git‘s, die git‘s gor net!“ lachte Waldheini, „Babba hod‘s zu mer x‘sod, deu rosa Mobbed!“
(Sachen gibt es, die gibt es gar nicht. Papa hat es gesagt zu mir, dein rosa Moped!) stellte Waldheini immer noch verdutzt fest.
Manfred schüttelte den Kopf. Unausgesprochen waren sich beide einig, dass sie langsam wieder zurücklaufen sollten. Waldheini machte mit dem Kopf zu Manfred hin eine eindeutige Geste die hieß, dass sie zurückgingen.
„Jetz wor‘s doch gut, dass mer mol g‘schwätzt häwwe. Wer waß wie long der Buu sich noch mid seune Fieß b‘schäfdischd hed, statt raussefinne, wos‘er wäklisch gern macht.“

(Jetzt war es doch gut, dass wir darüber gesprochen haben. Wer weiß wie lange der Junge sich noch mit seinen Füßen beschäftigt hätte, statt herauszufinden, was er wirklich gerne macht.) schloss Waldheini seine Gedanken ab.
„Ja, s is alles fer wos gud. Wenn de Hermonn unn isch uns ned velorn hedde, den mer jetz net schwätze."
(Ja, allem Anschein nach ist alles für etwas gut. Wenn Hermonn und ich uns nicht verloren hätten, würden wir zwei nun nicht miteinander sprechen.) stellte Manfred auf den Punkt fest.
„Genaa." bestätigte Waldheini.
Waldheini runzelte die Stirn. „Wos is donn?" fragte Manfred.
„Isch konn mer net helfe, äwwer des seltsome Exemplar, wos misch do beinoh iwwer de Haufe gerennd hod, hod bei noh die Stimm katt wie de Hermonn."
(Ich kann mir nicht helfen, die Stimme der seltsamen Person, die mich fast umgerannt hätte, hatte wirklich Ähnlichkeit mit Hermonns Stimme.) wunderte sich Waldheini immer noch.
Manfred zuckte nur mit den Achseln.

* * *

16. De Drollgruuf

In jedem Käbber stegge Musgel unn Sehne,
do sin's Bo, in Menz segt mer Beene.
A Ärm unn en Kobb hot mer sem beweje,
sem denge, simbeliern unn Idee sem sehje.
Mer hod e Herz des in soim eigene Rhythmus schleeg,
des is es, wos uns uff unsern rischdische Wäg bewegt.
Loss deum eigene Rhythmus sem Donze freie laf,
mach disch bereid unn bewegdisch, auf!
Du wäst säje, deun Mut wärd belohnt
es schlegt im Takt, deu Melodie des Läwens betont.
Nigg mit Kobb emol im Takt,
der Spass werd der schmegge orrer wie mer friejer g'sod hod:
gell es schmackt!

Hermonn wurde von dem lauten Knurren seines Bauches geweckt. Ungewohnte Leere hatte sich breit gemacht. Mit einem kräftigen Schwung setzte er sich auf, fiel kopfüber von etwas runter und blieb benommen auf dem harten Steinfußboden liegen. Er blickte gegen eine Höhlendecke aus Erde. Im Liegen bewegte er ängstlich seine Augen von links nach rechts. Er war in einer Erdhöhle.
„Ouw ouw ouw … der Albdrom will jo gor nemme uffhern …!"
(Oh jeh oh jeh oh jeh … der Albtraum hört ja gar nicht mehr auf …!) stammelte er vor sich hin. Mutig setzte er sich auf, denn mittlerweile wurde sein Rücken und sein Hintern extrem kalt. Ja, er fror richtig. Auch dieses Gefühl kannte er nicht.
„Aaaaaaaaaaaaaaaahhhhhhhhh!" schrie er so laut er konnte vor lauter Schock.

„Moin Henn! Moi Fiiiieeeß! Moi Feeeeeeell? Isch bin naggisch?“ (Meine Hände! Meine Füße! Mein Fell? Ich bin nackt?) schrie Hermonn.
„Mach ned so e SPEGG-takel und räjg disch ob.“ sagte Speggfuß Friedl ruhig vom Holztisch, an dem er saß und etwas löffelte.
„Obreje? Zum Dunnerkeil! Wos en Albtroom! Isch säh jo aus wie du? Wos is donn bassiert?“
(Abregen? Verflixt und zugenäht! Was ein Albtraum! Ich sehe aus wie du? Was ist eigentlich passiert?) stammelte Hermonn fassungslos.
„Kurzfassung für unseren Hermonn!“ sagte Speggfuß Friedl knapp, der wusste, was Hermonn als nächstes wissen wollte.
„Also, du bischd bei mer in de Höhl.
Ja, du bischd jetz im Achebligg en Droll. Ja, des konn mer werrer rigggängisch mache.
Wonn? Wonn du waaschd, wer du bischd.
Jetz hogg disch äwwer erschd emol zu mer on de Disch unn duscht mol wos ässe.
Des Geknorr vunn deum Mooche held jo koner meh aus.
Unn, du hoschd außerdem meener o, wie de glabschd. Säh's vunn de gude Seid, im Momend hoschd de kon SPEGG-bauch!“ (Die Kurzfassung für unseren Hermonn:
Du bist in meiner Höhle. Du bist im Moment ein Droll. Ja, das kann wieder rückgängig gemacht werden, so dass du wieder ein Bär bist. Jetzt setzt du dich aber bitte erst einmal zu mir an den Tisch und isst etwas.
Das laute Geknurre von deinem Magen hält ja niemand mehr aus.
Und du hast außerdem mehr an als du denkst. Sieh es doch von der guten Seite, im Moment hast du keinen SPEGG-Bauch!) lachte Speggfuß Friedl.
„Ja äwwer?!“ wollte Hermonn Speggfuß Friedl ins Wort fallen.
„Nix äwwer. Noch'em Esse konsch de weirer freje. Besser is äwwer, wonn de misch vezäjhle leschd und zuhäjrn duschd.“
(Nichts mit ABER. Nach dem Essen kannst du weiter fragen. Es ist aber besser, wenn du mich erklären läßt und zuhörst, wenn es Zeit ist.) befahl Speggfuß Friedl.
Hermonn rappelte sich auf. Der Gang auf den knochigen Beinen war ungewohnt. Allerdings war ihm ganz leicht.

Er hatte als Droll mehr Bewegungsfreiheit, als zu Bärenzeiten. Trotzdem torkelte er, sein Gleichgewicht suchend, unsicher an den Esstisch.
„Wos git's donn?“ wollte Hermonn wissen.
„SPEGG-knedel Supp! In dem Sinn, loß der's spegge, äh schmecke!“ (Speggknödelsuppe! In diesem Sinne, lass es dir speggen, äh schmecken!) lachte Speggfuß Friedl.
Nach dem Essen stand Speggfuß Friedl feierlich auf und sagte: „So, jetz wärd's ernschd! Mer misse los!“ (Jetzt wird es ernst! Wir müssen los!)
„Wo misse mer donn hie?“ fragte Hermonn. Er hatte erstens gar keine Lust und zweitens hatte er auch keine Zeit für so etwas. Ihm fiel immer wieder das fliegende Eichhörnchen ein. Jetzt hatte er durch die ständigen Umwege, den Wildschweinen und seinem Besuch bei Schoo Schönschnabel eine Menge Zeit verloren. Wer weiß wie oft die armen Eichhörnchen noch unfreiwillig durch die Luft gesegelt sind, überlegte Hermonn. Und es wuchs das Gefühl, dass er daran schuld sein könnte, weil er nicht rechtzeitig bei Waldheini war. Ihn beschlich das Gefühl, dass es am Ende immer schlimmer und schlimmer werden könnte. Was wäre, wenn noch andere Tiere anfingen unkontrolliert umher zu fliegen. Wie würde das ausgehen, wenn all die Schnecken in dem Affenzahn durch die Gegend flögen? Und wie ginge das aus, wenn es nicht nur die Nacktschnecken wären, sondern die mit ihren Häusern auch, die Kleinen wie die Großen?
Was hatte Speggfuß Friedl gesagt? Wenn Hermonn weiß, wer er ist, würde er wieder ein Bär werden. Eigentlich klang das einfach. Er ist kein Droll. Er ist ein Bär. Hermonn, direkter Sohn von Waldheini und Fefi, den Waldbären.
Hermonn schaute an sich herunter, aber es passierte nichts, obwohl er sich ganz klar war, dass er Hermonn ist. Etwas verärgert und irritiert schaute er Speggfuß Fiedel an.
„SPEGG-ulative Idendidätskriese! Macht nix, hot jeder om Oufong. Bisher hot äwwer jeder soin Wäg g'funne.“
(SPEGG-ulative Identitätskrise! Das macht nichts. Das geht am Anfang allen so. Bisher hat aber jeder seinen Weg gefunden.) zwinkerte Speggfuß Friedl Hermonn zu.
Hermonn wurde stutzig. »Bisher hat jeder noch seinen Weg gefunden!« Dieser Satz ließ ihn aufhorchen. Er suchte ja seinen Weg.

Gab es Hoffnung, dass er ihn tatsächlich fand? Gab es wirklich Anlass zum Glauben, dass er das fand, was ihn glücklich machte?
„Alla, her jetz uff se simbeliern! Gäb mer mol deu Henn! Se wärd hegschd'i Zeid!"
(Komm. Hör' jetzt auf nachzudenken! Geb' mir mal deine Hand! Es wird höchste Zeit!) drängelte Speggfuß Friedl.

Entschlossen nahm Speggfuß Friedl den drolligen Hermonn in Drollgestalt an der Hand, rief laut und deutlich „Aaaaachebligg!" (Augenblick) zwinkerte zweimal mit seinen dicken Augenliedern, kniff dabei die Augen so zusammen, dass sein gesamtes Gesicht in Runzeln fiel und war mit Hermonn aus der Erdhöhle verschwunden.

Es dauerte nicht länger als eine Sekunde, bis Hermonn in einer anderen unwahrscheinlich großen Höhle wieder zu sich kam. Speggfuß Friedl hielt immer noch seine Hand, als er wieder anfing laut und deutlich zu rufen, aber dieses mal „Fäärdisch!" (fertig). Hermonn wurde es durch den plötzlichen Ortswechsel so schlecht, dass er sich kurzerhand übergeben musste.

„Wasch'd de, es is wischdisch, Aaaachebligg se ruffe, und die Ache zu se mache. Schunscht kennt oner uff die Idee kumme, mer wollt den Onnern Ou-mache. Und Fäärdisch, hast so veel wie Ortswäxel beend. Veschäjsch de?"
(Weißt du, es ist wichtig, Augenblick zu rufen, und die Augen zu schließen. Sonst könnte einer auf die Idee kommen, man wollte den Anderen anmachen. Und Fertig, heißt so viel wie ‚Der Ortswechsel ist beendet'. Hast du das verstanden?) fragte Speggfuß Friedl bei Hermonn nach, ob er das mit dem Blinzeln verstanden hatte.
„Is mer schläschd!"
(Mir ist so übel!) keuchte Hermonn und riss seine Hand los.
„Ach so!? Du heedschd die Aache zu mache misse beim Ortswäxel, schunschd wärd's om schläschd."
(Eben! Du hättest die Augen schließen müssen beim Ortswechsel, sonst wird es einem schlecht.) wiederholte sich Speggfuß Friedl.

„Ou Monn! Des hedds'de mer a soche kenne! Isch bin jo aus allene Wolge g'falle!"
(Mensch, das hättest du mir auch sagen können! Ich bin aus allen Wolken gefallen!)
Hermonn schaute sich hilfesuchend um. Sie waren in einer gigantischen unterirdischen endlos scheinenden Höhle. Alles war voller Drolle. Keiner von ihnen war über deren Ankunft wirklich überrascht. Es schien so, als würde es niemanden interessieren. Und doch war Hermonn fasziniert. Wie konnte Speggfuß Friedl den Ort so schnell wechseln, und woher wusste er, wo hier sein Platz ist? Schließlich hätte er einen anderen Droll umstoßen können, mit ihrem plötzlichen Aufgetauche.
„Des mache mer jeden Dooch. Jeder hot soin Platz. Jeder waß genaa wos er mache muss."
(Das machen wir jeden Tag. Jeder hat seinen Platz. Jeder weiß genau, was er machen muss.) antwortete Speggfuß Friedl, der Hermonns Gedanken las.
„HEY!"sagte Hermonn und schaute ihn böse an. „Des is mer in deune Hehl vorhin a schunn uff g'galle! Hersd du wos isch denk?"
(Das ist mir in deiner Höhle vorhin bereits aufgefallen! Hörst du was ich denke?)
„Jepp. So schwätze mer Drolle unnernonner. Mach wos dro, des muss so soi! Mach der kon Kopp, des lärnschd du schneller wie der lieb is."
(Ja. So unterhalten wir Drolle uns untereinander. Daran kann man nichts ändern, das muss so sein. Aber zerbrich dir nicht deinen Kopf. Das lernst du schneller als dir lieb ist.) flüstert Speggfuß Friedl knapp. Hermonn verzog das Gesicht. Er will das gar nicht. Aber seine Bärenneugier war größer und er fragte: „Warim denkt ehr nur unn schwätzt nix?" (Aus welchem Grund sprecht ihr in Gedanken miteinander?)
„Mer misse es Gros unn die Plonze woxse hern. Wenn mer immer schwätze den, kennt mer des net hern, wos die Plonze se soche häwwe."
(Wir müssen das Gras und die Pflanzen wachsen hören können. Wenn wir uns unterhalten sind wir so laut, dass wir die stille Sprache der Pflanzen nicht verstehen können. Wir hören nicht, was sie uns erzählen wollen.) erklärte Speggfuß Friedl geduldig.

„Äwwer," fuhr er fort, „des is jetz im Aachebligg alles, wos du wisse muschd. Ab jetz is Funkstille.
‚S wärd nix me x'sod. NIX MEH!"
(Aber, das ist jetzt im Augenblick alles, was du wissen musst. Ab jetzt ist Funkstille. Ab sofort wird nicht mehr geredet. GAR NICHTS MEHR!) betonte er noch einmal. Und zwar so deutlich, das Hermonn mit seinem dünnen Drollkopf nur noch eifrig nickte.
„Ach, ons noch. Ofach gugge wos isch mach. Gell?" (Ach, eines noch. Einfach mal zuschauen, was ich mache. Gell?) flüsterte er noch einmal. Hermonn nickte noch einmal ganz deutlich.
„Heilischer Lärrerzibbel! Net se veel nigge!"
(Um Himmels willen! Nicht so energisch nicken!) wollte Speggfuß Friedl Hermonn aufhalten.
Doch der Vorgang hatte schon begonnen. Hermonns Drollkopf stieß pinke glitzernde Wolken aus. Hermonn hatte keine Wahl mehr, sein Kopf nickte von ganz alleine immer schneller im Takt eines gruufigen lustigen Liedes. Seine Schultern begannen sich zu bewegen, immer abwechselnd und seine großen Speggfüße wurden von seinen knochigen Drollknien im Takt angehoben. Er begann zu tanzen und von ganzem Herzen zu lachen. „Ouw weh. De Drollgruuf." sagte Speggfuß Friedl kopfschüttelnd.

Prüfend griff er an eine feine aber lange Wurzel die über Hermonn hing. Speggfuß Friedl empfing von den anderen Drollen in Gedanken die Frage ob sie helfen könnten. Speggfuß Fiedel antwortete in Gedanken zurück „No. S is zum Glick ner e Gleewortzel, wo mer drunner stehn und kon Boom."
(Nein, es ist zum Glück nur eine Kleewurzel unter der wir stehen und kein Baum.)
Hermonn drehte sich, tanzte in seinem Drollkörper, als wär er noch nie jemand anderes gewesen bis die pinken Wölkchen und die goldenen Glitzersterne nachließen. Völlig außer Atem stützte er sich auf seinen Knien ab. „Heilischer Bim Bom!" keuchte Hermonn. „Wos wor'd n des?"
„Ach, des is a werrer so e G'schischd. Wenn so e rim g'schärzeldes Wäse wie du, wärklich zu herd, onimmd unn imsetzt wos mer'm säjgd, unn dodezu a noch se eifrisch niggd wie du, donn is des en äschde Glicksmomend. Konn jo koner wisse, dass des bei der se schnell gäjd!"
(Ach, das ist auch wieder so eine Geschichte. Wenn so ein Wesen wie du als Bär in einen Droll verwandelt wird das dann wirklich zuhört, dass das, was man ihm sagt ernsthaft annimmt und sogar umsetzt, es also versucht zu machen, was man ihm sagt, DANN ist das ein echter Glücksmoment für Denjenigen. Kann ja keiner wissen, dass das bei dir so schnell geht.) erklärte Speggfuß Friedl.
„Warim donn desmol pin'ge Wolge unn ko gääles Leischde?"
(Warum kamen den pinke Wolken raus und kein gelbes Leuchten wie sonst?) wollte Hermonn wissen.
„Weil deu Herz mid im Speel is. Äwwer du hoscht räschd. Mormal wär'n des gääle Wolge."
(Weil dein Herz mit im Spiel ist. Aber du hast Recht. Normal wären das wirklich gelbe Wolken und Glitzer gewesen.) überlegte Speggfuß Friedl, er kräuselte die Stirn und dachte ernsthaft darüber nach. „S wärd's Beschde soi, mer gäjn e mol nuff gugge. Ja, besser is des. Alla, Hermonn dessmol äwwer die Aache zu mache, gell?"
(Es wird das Beste sein, wir gehen mal hoch auf die Wiese nachschauen. Ja, das ist besser. Also Hermonn dieses Mal machst du aber die Augen zu, gell?) befahl Speggfuß Friedl, der Hermonns Hand packte. In diesem Moment presste Hermonn sofort die Augen so fest es ging zusammen.
„Aaaaachebligg!" und sofort drauf „Fäärdisch!"

Hermonn öffnete vorsichtig seine Augen. Er war mit Speggfuß Friedl auf einer wunderschönen Wiese wieder aufgetaucht.
„Genaa do unne drunner worn mer. Eigendlisch wolde mer dere Plonz beim Woxse helfe. Jetz gugg ders ou. Aus demm weisse Klee is pinger worn. Und wo du g'stone unn gedonzt hoschd is en gonze Butze vierbläddrische Klee gewoxe! Glixglee! Liewer Herr X'songsveoin! Wie hoschd'n dess gemochd? Des is mer in denne gonze finfdausend Johr noch ned bassierd."
(Genau hier haben wir unter der Erde in der Erdhöhle gestanden. Eigentlich war die Aufgabe, die Pflanzen während ihrem Wachstum zu unterstützen und zu kräftigen. Aber schau's dir an! Aus dem gelb/weißlichen Klee ist pinker Klee geworden. Und dort wo du gestanden und getanzt hast, ist ein ganzer Büschel vierblättriger Klee gewachsen. Glücksklee! Du hast Glücksklee getanzt! Lieber Herr Gesangsverein! Wie hast du das nur fertig gebracht? Das ist mir in den ganzen fünftausend Jahren in denen ich lebe noch nie passiert!) schrie Speggfuß Friedl völlig aufgeregt und hysterisch in der Wiese.Völlig perplex schaut Hermonn auf den pinken vierblättrigen Klee.
„Es git e mol o Stengelsche, des vier Blärrer hot. Äwwer kon Butze!"
(Es gibt mal einen Stängel, das vier Blätter hat. Aber keinen ganzen Büschel!) staunte Speggfuß Friedl. Prüfend musterte er Hermonn. Das war Hermonn unangehenm. Insgeheim freute er sich, dass er da irgendetwas gemacht hat, was außergewöhnlich war. Deshalb beschloss er Speggfuß Friedl etwas abzulenken.
„Wos isch misch schun immer g'fregt häb, warim is im Summer des Gros mojens nass, wenn's gor net geräjend hot nochts? Des machd doch bestimmd a ehr Drolle."
(Was ich mich schon immer gefragt habe, warum ist im Sommer das Gras morgens immer nass, wenn es doch gar nicht geregnet hat? Das gehört doch bestimmt auch zu den Aufgaben der Drolle) wollte Hermonn wissen, der sich nun ganz ehrfürchtig erweisen wollte.
„Bleedsinn! Nochds kiehlt de Borrem aus unn es Wasser aus de Luft setzt sich donn uff die Groshalbe unn wos do se alles im Wäg is. Die Wärm dutt anschunschde des Wasser doochsiwwer in de Lufd behole, ... soch emol, willst du misch ve'ebble? Mer lafe doch net mid ne Sprieflasch iwwer die Wiss unn ...!"

(Blödsinn! Tagsüber ist das Wasser als Luftfeuchtigkeit in der warmen Luft. Und Nachts kühlt die Luft aus. Wie auch der Erdboden. Der ist früh morgens am Kältesten. Deshalb setzt sich das so genannte Kondenswasser auf allen Gegenständen in Bodennähe oder -kontakt ab … sag mal, willst du mich veräppeln? Wir laufen doch nicht mit einer Sprühflasche über die Wiese und …) schüttelte Speggfuß Friedl den Kopf.
Hermonn musste selbst über sich lachen. Zu albern war die Vorstellung der vielen Drolle, die morgens mit einer Sprühflasche über die Wiese und durchs Ort liefen, um alles nass zu sprühen.
„Mer unn a noch e poor onner, … Wäse will isch's jetz e mol nenne, sin fer Sache do, die mim Läwe se do häwwe, die mer sisch net erklärn konn. Waschd de doch jetz a mittlerweile. Uns konn mer unner normale Imstend net säje. Außer mer veheld sisch besonners drollisch, donn dutts en Schlog unn so oner wie isch steht vor om!"
(Wir Drolle und auch noch ein paar andere, … Wesen will ich sie jetzt einmal nennen, sind für Vorgänge verantwortlich in der Natur, die mit dem Leben zu tun haben, die man sich eben nicht erklären kann. Weißt du doch jetzt mittlerweile. Uns kann man auch unter normalen Umständen nicht sehen. Außer, man verhält sich besonders drollisch, dann macht es Wumms und so einer wie ich steht vor dir.) grinste Speggfuß Friedl zufrieden.
„Äwe iwwerleggs'de schun werrer se veel.
Loss es bassiern. Kumm ofach mid mer. Gugg mer zu, äwwer vesuchs net se vesteh. Unn vesuch a net se soi wie isch. Des is alles wos heit zehlt und wischdisch is fer disch, unn a werrer net.
Moi Läwe stimmd ver misch, äwwer es is ned deuns. Sei debei unn beowachd. Probier net se beurteile wos isch mach. Monsches is ofach wohr, ob mer dro glabt orrer net. S läwe hot veel Forme, ob Plonz orrer Dier. Om Enn vum Doog wärd des fer disch iwwerisch bleibe, wos fer disch om wischdischde is. Deshalb vesuch der nix se mergge."
(Eben fängst du wieder an zu viel zu überlegen. Lass es passieren. Schau mir zu aber versuch nicht zu verstehen was ich mache. Versuche auch nicht so zu sein wie ich. Heute ist alles Wichtig für dich, und auch nichts. Mein Leben stimmt für mich aber es ist nicht deins. Sei dabei und beobachte. Versuche nicht das zu beurteilen was ich mache.

Es gibt viele Dinge die wahr sind, ob man daran glaubt oder nicht. Das Leben hat viele Formen. Ob es Pflanzen oder Tiere sind. Heute, am Ende dieses Tages wird genau das für dich übrigbleiben, was für dich am Wichtigsten ist. Deshalb versuche dir nichts zu merken.) flüsterte Speggfuß Friedl geheimnisvoll.
Hermonns Augen zuckten. „Äh“ stammelte er, „Des is se veel geheumnisvoll fer moin Bärenhärn, wos jetzt eigentlisch en Droll ist!“ (Äh, ich habe soeben zu viele geheimnisvolle Informationen bekommen. Und der Umstand, dass ich jetzt kein Bär mehr bin, sondern ein Droll verwirrt mein Gehirn noch mehr.) geriet Hermonn durcheinander.
„Haaßd?“ wollte Speggfuß Friedl wissen.
„Git‘s dodevo e Zusommefassung, wos des genaa haßd?“
(Gibt es davon eine Zusammenfassung, was das genau für mich bedeutet?) bat Hermonn höflich.
„Des wos heid bassiert sin wie Pusselstickschin. Erläbnisse, Erfahrunge sin wie Pusselstickschin. Monsches leischd der oi, obwohl des net vestäjhscht unn is genaa des Pusselstick wos der bisher g‘feld hod und e Bild gonz macht, so dass dus vestaj konnscht. Unn mosche Sache, die de vestäschsd, basse noch dem Dooch ofach net meh in deu Osischde, wie de se mol kat hoscht.“
(Das was heute passiert ist wie ein Puzzleteil. Erlebnisse und Erfahrungen sind wie Puzzleteile. Manches wird dir einleuchten obwohl du es nicht verstehst. Und manche Sachen die du verstehst, passen nach diesem Tag einfach nicht mehr mit deinen Ansichten zusammen, die du mal hattest.) erklärte Speggfuß Friedl.
„Korz g‘sod, isch soll mer des rauspigge, wos fer misch en Sinn mach!“
(Kurz gesagt: ich soll mir das herauspicken was für mich einen Sinn ergibt!) fragt Hermonn zusammenfassend nach.
„Genaa. S klingd äwwer so korz g‘sod net so geheumnisvoll!“
(So kurz zusammengefasst klingt es nicht gerade geheimnisvoll!) lachte Speggfuß Friedl.

* * *

17. Wos hot's mid ne Seel uff sisch

Mer dutt immer so veel Geschichte hern,
von Gligg und Magie, des häm mer gern.
Doch wenn e klo bissje Zuberei in unserm Läwe bassiert,
sin mer erschrocke unn beinoh brüskiert.
Mer suche Erklärunge, venünfdische Osischde,
glawe net on Elfe, on Zwerge unn Wischde.
Die brauche a im Prinzip net uff se tauche,
wenn mer nur on unser Zauberei glauwe.
Do mol e Lache, velleischt mol e Geschenk,
Gligg is es wo die Liebe nie beschrenkt.
Sog net, der Vegleich hinkt,
monsche mol is des Gligg ofach pink.
Gligg des vekleid sich gern,
vesuch ofach se finne, dem Wesen soin Seelekärn.

Gegen Mittag spazierten Hermonn und Speggfuß Friedl gemeinsam durch den Wald.

Hermonn begleitete Speggfuß Friedl, bei seinen täglichen Rundgang und den damit verbundenen Aufgaben. Er schaute ihm zu und verstand, dass Speggfuß Friedl sich um die Pflanzen kümmerte, sie beim Wachsen unterstützte. Aber wirklich schlau, wurde Hermonn nicht. Speggfuß Friedl benutze seine langen Finger immer zur Überprüfung, wie weit in die Höhe die Pflanze gewachsen war oder wie breit sie wurde. Dabei machte er immer dieselben Bewegungen.

Er stellte sich breitbeinig hin, so dass die Pflanze zwischen seinen Beinen war, breitete die Arme aus, hielt die Hände über die Pflanze und schloss die Augen. Unter der Erde hob er die Arme in die Höhe und die Handflächen zur Wurzel über seinem Kopf hin.
„Gu'mol do driwwe, die kloo Besch! Komm, mer hogge uns do mol e wingk hey!"
(Schau mal die kleine Bach dort drüben! Komm, wir setzten uns einen Moment dort hin!) schlug Speggfuß Friedl vor.
Hermonn gingen so viele Gedanken im Kopf herum, dass ihm schwindelig wurde.
„Is gut." antwortete Hermonn.
„Waschd du, du konnschd misch e Johr, orre zwa orrer e halb Johrhunnerd beowachde. Des nitzt nix, wonn du's net sälwer merkschd."
(Weißt du, du kannst mich ein Jahr, oder zwei oder ein halbes Jahrhundert beobachten. Das nutzt nichts, wenn du es nicht selbst merkst.) sagte Speggfuß Friedl.
„Wenn isch wos net sälwer merk?"
(Wenn ich was nicht selbst merke?) hakte Hermonn nach.
„Dass es do wos git, wos nur du ello konnschd. Wo du ofach so maschd, ohne dass du des erklärn konnschd orrer äjend wonn gelärnd hoschd. Und es is wos, wos onnern nitzt!"
(Dass es da etwas gibt, was nur du alleine kannst. Was du einfach so machst, ohne dass du es dir oder anderen erklären kannst, woher du das kannst oder weißt wie es geht.) erklärte Speggfuß Friedl.
„Isch waß grod net, wos du genaa monst?"
(Ich weiß gerade nicht, was du genau meinst?) überlegte Hermonn ins Leere.
„Jeder, egal wer, hot Oner, orrer Oni die er bewunnert. Die konn wos, wos isch a gern kenne det!"
(Jeder, egal wer das ist, ob Eine oder Einer, hat jemanden, den er bewundert. Die kann etwas, was ich auch gerne können würde!) fuhr Speggfuß Friedl fort.
„Ach genaa! Bei mer is des moin Baba, de Woldhoini! Der schwätzt mid soine Fieß mim Borrem, Diern, Plonze, Sto, wos was donn isch noch. Der is gonz ruhisch dodebei. Unn was alles. Isch net. Wenn isch ruhisch bin, her isch ner moin Moche knorrn!"

(Ach genau! Bei mir ist das mein Vater, der Waldheini! Der redet mit seinen Füßen mit der Erde, den Tieren, Pflanzen, Steinen und was weiß ich noch. Der weiß alles. Der ist ganz still dabei. Bei mir geht das nicht so. Wenn ich still bin und konzentriere mich auf meine Füße, höre ich trotzdem nur meinen Magen knurren!) schmunzelte Hermonn und war doch etwas traurig. Aber immerhin wusste er langsam auf was Speggfuß Friedl raus wollte.
„De Woldhoini machd wos'er macht mid Laib und Seel. Des merggd mer do dro, dass mer gonz hie unn wäg is, wenn mer dem zuguggd."
(Waldheini macht das, was er tut mit Leib und Seele. Wenn man ihm bei seiner Arbeit zuschaut ist man ganz fasziniert und sich wünscht das auch zu können!) ging Speggfuß Friedl mehr ins Detail.
„Ja genaa, genaa so is es!" sagte Hermonn, der sich zum ersten Mal so richtig verstanden fühlt.
Speggfuß Friedl grinste, „Awwer, ..." wollte er beginnen, wurde aber von Hermonn mid einem „Wor jo klor, dass s so ofach net soi konn!" unterbrochen.
„Awer," fuhr Speggfuß Friedl unbeeindruckt fort, „mer is fasze'niert vunn so em Zauber der Ofachheit, wie oner mid Leischdischkeit ebbs gern dutt. Veschesch'de? Do im Orewold segd mer, der Läbd des. Unn ver laurer fasze'nierd soi, denkt mer, dass es do drim gäjd wos der onner macht! Also beim Woldhoini mid de Fieß schwätze unn hern. Äwwer mer kimmt net uff die Idee, dass mer wos eigenes hot, wos onner fasze'nierd, weil die's net kenne!"
(Aber man ist so fasziniert von dem Zauber der Einfachheit, der Leichtigkeit wie einer das macht was er liebt, dass man das Wichtigste vergisst. Es geht nicht darum was einer macht, sondern wie! Mit Leichtigkeit und Einfachheit weil es genau das ist, was ER gerne tut. Es ist diese Faszination die einem verzaubert, nicht das was er tut. Man eifert nach und kommt dadurch gar nicht auf die Idee, dass man etwas eigenes hat und kann was andere fasziniert, weil sie es nicht können!) wurde Speggfuß Friedl präzise.
„Also, isch wär kon Woldbär wärn. Sondern isch konn wos, wos de Woldhoini net konn, unn der gut find!"

(Also ich werde im Leben kein Waldbär. Sondern ich kann etwas, was der Waldheini nicht kann und er an mir gut findet!) fasste Hermonn zusammen.
„Genaa sou iss es!"
(Genau so ist es!) bestätigte Speggfuß Friedl Hermonn.
„Donn wär isch a net vesteh, wos du do mid denne Plonze machsd unn wie du denne beim woxe hälfe dusd!"
(Dann werde ich es auch nicht verstehen können, was du mit den Pflanzen machst, und wie du ihnen beim Wachsen hilfst?) fragte Hermonn nach.
„Dodefü gähj isch aus!"
(Davon gehe ich aus!) sagte Speggfuß Friedl.
Hermonn lächelte. Es nahm enorm viel Druck von ihm ab. Er eiferte Waldheini immer nach. Und auf einmal verstand er, dass es in Ordnung ist wenn er anders als sein Papa ist.
Zufrieden lächelte er. „Häb's ve'stonne!" nickte er und freute sich. Und wieder passierte das, was in der Höhle zuvor auch geschah. Sein Nicken verstärkte sich, er nickte und nickte, schnellte auf, er hörte lustige gruufige Musik und begann wieder zu tanzen, dass seine Arme und Beine nur so durch die Luft wirbelten. Wieder war er eingehüllt voll pinker glitzernder Wölckchen und siehe da, neben ihm sprießte erneut ein Büschel Glücksklee in pinker Farbe.
„Kumm, mach mid!" lachte Hermonn in seiner pinken Wolke albern.
„Isch her deu Mussig net, du Spezialist!"
(Ich kann deine Musik nicht hören, du Spezialist!) lächelte Speggfuß Friedl.
Hermonns Glückstanz dauerte und dauerte. Bis er irgendwann total erschöpft ins Moos auf den Rücken fiel und die letzte pinke glitzernde Wolke verpuffte.
Speggfuß Friedl rutschte näher an Hermonn und schaute ihm gebannt auf die Brust.
„Du heilischer Lärrerzibbel! Deun Schlissel!"
(Du heiliger Lederzipfel! Dein Schlüssel!) stieß er aufgeregt hervor.
Hermonn setzte sich auf und blickte an sich hinab. „Ouw! Wie sieht'n der aus?"
Speggfuß Friedl was so begeistert, dass er keinen Ton sagen konnte.

„Der is Pink!“ sagte Hermonn und machte große Augen.
„Velleischd geht's wirrer weg? Des wor b'stimmd die uffdringlisch ping Wolg.“
(Viellicht geht das wieder weg? Das war bestimmt die aufdringliche pinke Wolke.) verzog Hermonn das Gesicht.
Speggfuß Friedl blickte Hermonn musternd an, „isch freg misch trotzdem, warim bei der immer alles pink wärd unn ned quiddegääl, wie die onnern glitzer Dinger do im Orewold?“
(Ich frage mich trotzdem, warum bei dir immer alles pink wird. Und nicht golden gelb, wie andere herkömmliche glitzernde Dinger hier im Odenwald?)

* * *

18. Renne kenne, wie vum wilde Watz gebesse

En pinke Näwwel mache, gud des konn ned jeder,
äwwer den Gruuf konn mer donze, ob friejer orrer speder.
Renn ofach mol los, wie friejer als Kind,
du wärst säje, jedes graue Welgsche veschwind.
Mer is velleischd ko Donzschenie,
de Spass kimmd beim beweje ins Kreiz unn die Knie.
Trau disch unn waggel, wenn's soi muss ello,
haubsach de Spass is debei unm bleibt do.

Speggfuß Friedl war zufrieden mit seiner Arbeit. Er hatte Hermonn tatsächlich so ablenken können, dass er gar nicht merkte, wie leicht er sich durch den Wald bewegte. Am Nachmittag blinzelten sie sich an den ein oder anderen Ort um nach dem Rechten zu sehen. Hermonn bekam immer mehr und mehr ein Gefühl dafür was Speggfuß Friedl tat. Er konnte zwar nicht dabei helfen die Pflanzen wachsen zu lassen, aber er wusste bereits, um welche Pflanze es ging wenn Speggfuß Friedl einen weiteren Ortswechsel vorgenommen hatte.
Nachdem Speggfuß Friedl einen Farn komplett ausgerollt hatte, der viel zu spät dran war, rieb er sich die Hände und sagte: „Feierowend!" (Feierabend!)
„Unn jetz?" fragte Hermonn, der so richtig Freude gefunden hatte, Speggfuß Friedl zu unterstützen.
„Jetz?" lachte Speggfurß Friedl, „de ledschde kriegd's Noochdschläbbel!" (Der Letzte bekommt das!) rief er Hermonn zu, haute ihm auf den Oberarm und rannte weg, wie von der Wildsau gebissen.
„Auf! Krieg misch do Loomorsch!"

(Na komm schon! Fang mich du lahme Ente!) schrie Speggfuß Friedl aus sicherer Entfernung auf der Stelle trippelnd.
Voll Lebenslust und Tatendrang dachte Hermonn nicht nach. Er hatte so einen Spaß und Leichtigkeit an diesem Tag erlebt und wiedergefunden, dass er ausgelassen mit drei großen Schritten anfing leicht zu joggen, merkte, dass seine Statur ihm größeren Bewegungsspielraum bot und legte los. Mit enorm leichten federnden Sprüngen, hatte Hermonn Speggfuß Friedl im Nu eingeholt. Dieser war sichtlich überrascht und sprang erschrocken zur Seite, hatte sich aber blitzschnell gefangen und rannte davon. Er ließ es sich aber nicht nehmen, Hermonn noch mal des „Nochdschläbbel" zu verpassen, um ihn daran zu erinnern und spielerisch zu reizen. Man kann es mit dem Fangenspiel vergleichen, „du musst" und klatscht denjenigen ab, der als nächstes fangen muss. Nur, dass man eben des „Nochdschläbbel" mit Heim nahm und am nächsten Tag versuchen musste es wieder weiter zu geben, quasi los zu werden. Hermonn setzte sofort wieder zum Rennen an.
Ausgelassen und mit einer nie müde werdenden Kondition, rannte Hermonn Speggfuß Friedl kreuz und quer auf sämtlichen Neunkirchner Waldwegen, hinterher. Völlig in Gedanken vergaß Hermonn alles um sich herum und war einfach nur erfüllt von einem unbeschreiblichen Glücksgefühl. Sie waren mitterlweile in der Nähe der Modauquelle angekommen, Hermonn war so schnell, dass er mit Müh und Not gerade noch etwa Pelzigem ausweichen konnte.
Aus Reflex rief er: „Nix fer ugud Babba!" und rannte weiter. „Aus weiter Entfernung meinte er zu hören: "Dodevo wisst ich äwwer wos!" und ein herzhaftes Lachen.
Die Bäume und Felsen zogen rechts und links an ihm vorbei, die Luft veränderte sich spürbar. Oben, in der Nähe der Quelle atmete er wunderbare laue Abendsommerluft, zwischen Birken auf der einen und Fichten auf der anderen Seite. Zur Quelle hin wurde der Duft klarer und die Luft duftete frisch. Im Fichtenwald Richtung Brandau wurde der Duft unbeschreiblich süß und kühl. Und der weiche Waldboden, der über und über mit Fichtennadeln bedeckt war, gab bei jedem Schritt nach, als würde man auf Wolken springen. Er hörte Wasser plätschern und die Ringeltaube ihren letzten Rugser für den Tag rufen. Irgendwo, zwischen Brandau und Gadernheim kam Speggfuß Friedl leicht außer

Atem zum Stehen. Mit dem Rücken noch zu Hermonn stehend, kreuzte er seine langen dürren Arme zu einem X und rief bestimmend „Do is X, do gilt‘s net!“ (Hier ist X, hier gilt es nicht!) lachte aber und drehte sich während dem Satz zu Hermonn um.
Speggfuß Friedls Mund klappte mit einem Male auf. Seine Augen starrten den dürren Droll Hermonn an. „Jetz schlegt‘s dreizeh! Heilischer Lärrerzibbel! Wos is donn mid der bassiert?“ (Jetzt schlägt es dreizehn! Heiliger Lederzipfel! Was ist denn mit dir passiert?) stammelte er entsetzt! Hermonn schaute an sich herab. Dann hielt er seine dünnen Arme vor sich und bekam auch ganz große Augen. Er war von Kopf bis Fuß pink wie en rosa Moped!
Er begann von ganzem Herzen zu lachen. Als er hinter sich blickte sah er eine lange Spur, einer pinken glitzernden Wolke. „Oh wej! Hoffendlisch steht do jetz net alles voller pinge Klee!“ (Oh jeh! Hoffentlich habe ich durch meine pinke Spur nicht büschelweise pinken Klee hinterlassen!) lachte Hermonn.
„Hosd de Hunger?“ wollte Speggfuß Friedl wissen.
„Ja, unn wie!“ antwortet Hermonn zufrieden.
„Alla donn, moin Buu! E ledschdes mol blinzele!“
(Na dann komm mein Junge! Wir blinzeln jetzt ein letztes Mal!) forderte Speggfuß Friedl Hermonn auf. Etwas irritiert schaute Hermonn ihn an, gab ihm seine knochige Drollhand und presste fest die Augen zu. „Aaaaachebligg!“ hörte er Speggfuß Friedl vertraut rufen und wie gewohnt eine Sekunde später „Fäädisch!“. Hermonn lächelte. „Konschd deu Aache uff mache!“ (Du kannst deine Augen jetzt öffnen!) sagte Speggfuß Friedl, der immer noch Hermonns Hand hielt. Hermonn nickte. Er genoss die Blinzelei mittlerweile und die Stimmlage von Speggfuß Friedl.
„Heid git‘s SPEGG-Kardoffel!“ (Heute gibt es SPEGG-Kartoffeln!) sagte Speggfuß Friedl zufrieden. Sie setzten sich beide an den bereits gedeckten Tisch, auf dem die Schalen von gestern standen. Nur waren heute die Spegg-Kartoffeln darin. Genüsslich gabelten sie sich die herrlich duftenden Bratkartoffel mit krachigem Spegg in ihre Münder. In sattem, dunklem goldgelb, leuchtete der Apfelsaft durch die Gläser. Schmeckte das herrlich. Hermonn lief bei jedem neuen Bissen das Wasser voller Vorfreude im Mund zusammen.

„Isch bin sood!“ (Ich bin satt, Speggfuß Friedl! Danke für‘s Essen, aber ich kann beim besten Willen nicht mehr!) sagte Hermonn, der aufstand und es sich auf dem weichen Bett aus Heu gemütlich machte. „Isch a!“ sagte Speggfuß Friedl zufrieden.
„Unn, wos hosch‘d de heit gelärnt?“
(Und, was hast du heute gelernt!) wollte Speggfuß Friedl wissen.
„Dass es nochts kälder is wie drauß!“ (Dass es nachts kälter ist, als draußen!) sagte Hermonn und lachte sich über seinen eigenen Witz kaputt.
Eine Weile später, als beide sehr entspannt auf ihrem Heulager vor sich hin sinnierten, meinte Hermonn zu Speggfuß Friedl: “Du, isch häb irgendwie gedenkt, dass alles wos läbt Fieß sem lafe hot. Äwwer äjendwie läbt alles, Plonze sogor die Stoo, konn des soi?“
(Du, ich habe immer gedacht, dass alles was lebt, Füße hat. Aber irgendwie lebt alles, kann das sein?) drehte seinen Kopf im Liegen zu Speggfuß Friedl um.
„Des macht so de O‘schoin!“ (Das sieht wohl so aus!) ließ Speggfuß Friedl die Erkenntnis bei Hermonn.
„No, isch mon, dass des net ner en Grosshalm wor, orrer e Blumm, die de e stigg greeßer gemochd host … äjndwie host du denn Kern vunn so nem Plenze gedroffe. Des wor noch deum woxelosse greeßer, leischdender, waßd du wos isch mon? Isch bild mer eu, des hod äjendwie wärrer lache kenne!“
(Nein, ich meine, dass es nicht nur Grashalme oder Blumen waren, die du dann hast wachsen lassen … Irgendwie hast du den Kern von so einer Pflanze erreicht. Die Pflanze war nach deinem Wachsen lassen größer, leichter, weißt du was ich meine? Ich bilde mir ein, dass sie danach wieder gelächelt hat!) ließ Hermonn den Tag Revue passieren.
Speggfuß Friedl blieb weiter auf seinem Rücken liegen und schaute offensichtlich die Erdhöhlendecke an. Hermonn, der seinen Kopf auch wieder zurückgedreht hatte, dachte er würde sich irgendwie nicht klar ausdrücken, deshalb versuchte er es auf den Punkt zu bringen, „Es is, als heeds de des Herz vun dere Plonz beriehrt, und wie g‘straahscheld. Was de? Wie e Mudder ehr Kind strascheld, wenn‘s Bauchweh hod. Donn gid‘s en kloone Witz, unn schunn lachts werrer!“ wurde Hermonn

doch etwas wehmütig. Ihm fielen die Kindertage ein, die lieben Umarmungen, die Geschichten vor dem zu Bettgehen und vieles mehr. Speggfuß Friedl liefen zwei dicke Tränen der Ergriffenheit die Wagen herrunter. Eine aus dem linken und eine aus dem rechten Auge. Er hatte Hermonn erreicht.
„Isch waaß dass es velleischd e wing komisch kling'd, äwwer, is die Seel vun wos, es selwe wie's Herz?"
(Ich weiß, dass die Frage etwas komisch klingt, aber ist die Seele von etwas daselbe wie das Herz?) wollte Hermonn interessiert wissen.
Speggfuß Friedl gab keine Antwort. Hermonn drehte erneut den Kopf zu ihm, doch er konnte nur gleichmäßiges tiefes Atmen hören. „Eu g'schlofe!" sagte Hermonn leise zu sich selbst, zog die Augenbrauen hoch und betrachtete seine pinken Hände.
„Iss jo eigendlisch egal ob isch pink bin orrer quiddegääl. Isch wor schunn immer onersder wie die Onnern. Habdsach, isch bin sefreere! Unn des bin isch."
(Es ist ja eigentlich egal, ob ich pink oder gelb bin. Ich war schon immer anders als die Anderen. Hauptsache, ich bin zufrieden! Und das bin ich.) Ja, Hermonn hatte einen wundervollen Tag gehabt. Er dachte noch einmal an seine wilden Tänze, den pinken Klee, die pinken Glitzerwolken und daran, wie aus Speggfuß Friedls Händen die Kraft kam, um den Pflanzen bei ihrem Wachstum zu helfen. Er konnte nicht das, was Speggfuß Friedl konnte, aber er war glücklich. Und das wollte er in Zukunft sein. Mit diesem Gedanken schlief er lächelnd ein.
„Räschd host de, moin Buu!" (Recht hast du, mein Junge!) hörte Hermonn noch in Gedanken Speggfuß Friedls Stimme und grinste daraufhin noch viel breiter beim einschlafen, da er allem Anschein nach jetzt gelernt hatte auch Speggfuß Friedls Gedanken zu lesen. Schien so, als könne er jetzt drollisch.

* * *

19. Die Hehl der Ahnen

Monschemol guggd mer uff soi Läwe serigg
unn mergt, mer hat von allem e Stigg.
Mer hod gelacht, gedonzt, gsunge, gegreunt,
egal wie's wor, eigendlisch hod mer nix bereud.
So wie's wor, wor fer wos gut,
unn du wärst säje, des git denne die noch uns kumme Mut,
uff des Läwe stolz se soi,
die Erinnerung stärgt unn is ver immer deu.

„Es is seweit, moin Buu!" (Es ist soweit, mein Junge!) hörte Hermonn die Stimme von Speggfuß Friedl. „Alla! Uffwache! Bewejg doin hoorisch Orsch!" (Komm, beweg deinen haarigen Hintern.) Ja, es war eindeutig Speggfuß Friedl's brenner Dialeggd (Brandauer Dialekt).
„Zwa Minidschin noch!" (Bitte, noch zwei Minuten!) murmelte Hermonn und legte sich noch bequemer auf die Seite.
„Nix, du hoschd ko Zeid! Alla uff jetz!" (Nichts da, du hast keine Zeit! Steh jetzt auf!) befahl Speggfuß Friedl.
Murrend und murmelnd setzte sich Hermonn auf. Sein gelbrosagefärbtes Bärenfell hing voller Laub und Erde. Irritiert schaute er auf seine Tatzen. Er war wieder ein Bär. Gestern beim einschlafen dachte er bereits, dass ihn das Fell juckt und er wieder bequemer in seinen Bewegungen wurde. Statt wie als Droll leichtfüßig, äh speggfüßig aufzuspringen, drehte er sich wieder auf die Knie, um umständlich aufzukrabbeln.
„Jetz mach Sache! Behol der deun Schwung emol bei!"
(Jetzt machst du aber Sachen! Behalte dir dein Drollenschwung aber bei!) wurde Speggfuß Friedl scharf im Ton, er war weit und breit jedoch nicht zu sehen. Alles sehr seltsam.

„Du konnst leischd redde! Wo kimmd donn des gonze Volume wirrer her? Unn warim bin isch uff omol wirrer en Bär? Die Rennerei als därre Droll hot mer g'falle! Himmel Arsch unn Zwärn!"
(Du hast leicht Reden! Wo kommt den der voluminöse Körper wieder her? Und warum bin ich auf einmal wieder ein Bär? Pink hat mir gefallen und die Rennerei als dünner Droll sowieso! Verflixt und zugenäht!) wetterte Hermonn vor sich hin und wurde mit einem mal von seiner alten Traurigkeit eingeholt.
„Her uff se schenne und stei uff!"
(Hör jetzt auf zu schimpfen und steh auf!) befahl Speggfuß Friedl scharf und ohne Spur von Geduld, unsichtbar aus der Dunkelheit.
„Isch häb gedengd, du hedschd mäjner gelernt geschdern!"
(Ich dachte, du hättest gestern mehr gelernt!) fügte er hinzu.
Hermonn machte sich sauber und stand auf. Etwas verloren torkelte er auf dem bewachsenen Waldweg herum. Es war dunkel. Er schaute sich um. Links, dann nach rechts, auf den Waldweg und der Vollständigkeit halber auch nach oben. Als sein Blick wieder sank fielen ihm die zwei Felsen auf, vor denen er schon einmal stand. Von Speggfuß Friedl war immer noch nichts zu sehen.
„Do wor isch doch gestern erst! Do häb isch noch den Zauberspruch vum Hermonn g'sod, donn bisch'd du kumme, Speggfuß Friedl! Waßd du's noch? Unn moin Schlissel hodd geleischd! Gugg, wie jetz, ner dass se jetz pink leischde dutt!"
(Da war ich doch gestern erst! Hier habe ich doch den Hermonn Zauberspruch gesagt, dann bist du aufgetaucht Speggfuß Friedl, weißt du's noch? Und mein Schlüssel hat geleuchtet! Schau, wie jetzt, nur dass er jetzt pink glüht!) sagte Hermonn total verwirrt.
Hermonn schaute ganz gebannt auf seinen pinken Schlüssel, der sich an seinem Lederhalsband wieder in die Luft gestellt hatte. Wieder stand er direkt vor den beiden unüberwindbaren Felsbrocken, die den Weg blockierten.
„Hermonn. Mach net alles kabudd, wos du geschdern geländ hoschd!"
(Bitte Hermonn. Mache nicht alles zunichte, was du gestern gelernt hast!) bat Speggfuß Friedl immer noch aus der Dunkelheit, ohne dass er zu sehen war. Irgendwie hatte sich Hermonn mittlerweile an die seltsamen Vorgänge gewöhnt.

„Du bischd des wos du denkschd. Wenn du monschd, du bischd en digge Bär, der bequem unn ubeweglisch is, wärschd du des a soi!
Wenn du denkschd, du bischd en Droll und hosch Läwensfreid in der, unn konnschd große Spring in deum Läwe mache, wäschd du a des soi!
Gligg is e G'fiel, unn net vun deuim Käbber obhengisch. Unn du bischd glicklisch, weil du mid mer Erfohrunge gemochd hoschd, die deu Herz berihert häwwe wo sisch doi Seel die gonz Zeit gewinschd hod, dass du die maschd. Du hoschd den Schlissel in de Henn, der deu Herz uff gemochd hod!"
(Du bist was du denkst! Wenn du meinst, du bist ein dicker Bär, der bequem und unbeweglich ist, dann wirst du es sein!
Wenn du denkst, du bist ein Droll und hast Lebensfreude in dir, dann kannst du große Sprünge in deinem Leben machen, dann wirst du auch das sein!
Glück ist ein Gefühl und nicht von deinem Körper abhängig. Und du bist glücklich, weil du gestern mit mir Erfahrungen gemacht hast, die dein Herz berührt haben weil es sich deine Seele so sehr gewünscht hat, dass du sie erlebst. Du hast den Schlüssel in der Hand, der dein Herz geöffnet hat!) erklärte Speggfuß Friedl weiter aus der Dunkelheit.
Hermonn war mittlerweile genervt darüber, Speggfuß Friedl nur in Gedanken zu hören und nicht zu sehen. Und trotzdem war die Unterhaltung absolut real. Wenn Hermonn ehrlich war, war er etwas enttäuscht, dass sich Speggfuß Friedl nicht zeigte. Er hatte in den letzten Stunden begriffen, dass Begegnungen und Erlebnisse auch mal anders sein dürfen, als er gewohnt war.
„Aha!" sagte Hermonn nüchtern.
Hermonn presste die Lippen aufeinander und fand, dass Speggfuß Friedl Recht hatte.
Wenn er sich so betrachtete, hatte er auch damit Recht gehabt, dass er wieder ein Bär wurde. Und er hatte sich im ersten Moment nichts sehnlicher gewünscht, als diese grässliche Drollfigur abzulegen. Abgesehen davon war es ein phantastisches Gefühl glücklich zu sein. Hermonn schnaufte tief durch und schloss seine Augen. Er begann zu nicken. Nichts passierte. Er verzog seinen Mund und dachte, dass es ja egal ist. Einfach machen. Er entschied sich einmal mehr, auf Speggfuß Friedl zu hören, öffnete die Augen wieder und schaute sich die Felsbrocken an.

„Do is ko Schlisselloch!“ (Hier gibt es kein Schlüsselloch!) stellte Hermonn fest, der immer wieder auf's Neue offen für Speggfuß Friedls gutgemeinte Kritik war.
„Du bischd en Spezialischd! Hoschd du schun e mol ner vesucht e Deer uff se mache, orrer machschd du's ofach, weil du net driwwer noch dengscht?“
(Du bist ein Spezialist! Hast du schon einmal versucht eine Tür aufzumachen? Oder denkst du nicht großartig darüber nach und machst sie auf?) fragte Speggfuß Friedl provozierend.
„Isch waß net!“ überlegte Hermonn.
„Du hoschd geschdern ofach emol gemochd und deun Kopp aus g'schalde. Du hosch net gezweifelt, ob es Gros grii is orrer obs wärklisch hell unn dungel git. Geschdern hod de Klee a pink soi därfe!“
(Du hast gestern einfach mal gemacht und den Kopf ausgeschaltet. Du hast nicht gezweifelt, ob es Hell und Dunkel gibt, ob das Gras und der Klee grün sind. Gestern durfte er auch pink sein!) versuchte Speggfuß Friedl Hermonn zu erinnern.
Es funktionierte. In Hermonn stieg das Gefühl hoch, welches der pinke Klee hatte. Sein Glück war Pink! Der Klee hatte die Herzform, ja, er überlegte, je pinker der Klee wurde, desto ausgelassener und glücklicher wurde er. Er schloss kurz die Augen und dachte an die Leichtigkeit des Glückskleetanzes als Droll – den Drollgruuf! Nur durch das aufsteigende Gefühl begann sein Kopf ganz von alleine wieder im Takt zu nicken, seine Schultern gingen auch als Hermonn der Bär, vor und zurück, selbst seine Knie merkte er! Es war so phantastisch, dass er irgendwie sogar als Bär pinke Glitzerwölkchen machte. Ja, er nickte immer weiter im Takt, die lustige Musik von gestern wurde immer lauter und er hob seine Beine mit den dicken Bärenfüßen hoch und runter.
„Jibbi! S dutt! Gugg! S dutt a so!“
(Juhuu! Es funktioniert! Schau, es geht auch als Bär!) grölte Hermonn.
Er öffnete während des Tanzens seine Augen. Er konnte gar nichts erfassen, da sich vor ihm die Felsen in einem dichten Nebel von pinken Wolkenglitzer auflösten.
Hermonn tanzte sich durch die aufgelösten Steine, weiter und weiter. Die Umgebung veränderte sich. Andere dickere Felsbrocken rechts und links des Weges schützten einen Höhleneingang, der nun offen war.

Eigentlich war es „sack roowe Noochd“ (stock dunkel), aber durch Hermonns eigens erzeugte pinken Glitzerwölkchen tanzte er jedoch immer langsamer werdend, den Höhleneingang entlang. Die lustige Musik wich, die pinken Glitzerwölkchen verpufften und wurden blasser. Bis er im Inneren der Höhle war. Er stand mit einem Male andächtig in einem großen, sehr sehr großen Saal. Es gab kein zentrales Licht, das diesen Höhlensaal erhellte. Vielmehr waren es zahlreiche zart leuchtende kleine Lichterquellen, die dem Höhlensaal einen pastellfarbenen Schimmer verliehen.
„Moin liewer Herr-Xsangs-Veeun!“ murmelte Hermonn. „Wos is n des?“
Hermonns Schlüssel begann ihn sachte in den rechten Teil des Höhlensaals zu ziehen. Andächtig ging er mit ohne weiter Fragen zu stellen. Die Stimmung und Atmosphäre war erhaben und geprägt von einer demütige Stille. Hermonn folgte dem Schlüssel eine ganze Weile, bis dieser vor einer bläulichen schimmernden Lichtkugel halt macht und vom Lederhalsband abfiel. Instinktiv hob Hermonn ihn auf und behielt ihn in der Pfote. Er leuchtete immer noch pink.
In der Lichtkugel zeichnete sich ein Schlüsselloch ab. Hermonn war im Begriff zu zögern als ihm Speggfuß Friedls Worte wieder einfielen: »net zweifle, ofach mache, wenn‘s g‘fielsmeesisch bassd« (Nicht zweifeln, einfach machen, wenn es aus dem Gefühl heraus passt.)
Ohne Zweifel steckte Hermonn den Schlüssel in das Schlüsselloch. Er wusste, dass es richtig war, es war so sicher richtig, wie seine Mutter Fefi hieß. Er wusste es einfach. Andächtig drehte er den Schlüssel. Das Licht erlosch und zurück blieb der Schlüssel in Hermonns Pfote. Ein Tor aus Licht tat sich vor ihm auf. Er wusste, dass es wichtig und richtig war hindurch zu gehen. Vor seinen Füßen war eine große Steinplatte auf der Stand „Familie der Hüter“. Er nahm es zur Kenntnis und dachte nicht weiter darüber nach. Er passierte die Steinplatte und blieb einen Moment stehen und wartete, bis seine Augen sich an das pastellfarbene warme Licht gewöhnt hatten. Mehr und mehr formten sich aus dem Licht Umrisse von Bären. Meistens standen Bärenpärchen aus Licht zusammen, manchmal aber auch nur einzelne. Ehrfürchtig und etwas unsicher beschloss er weiter zu gehen. Die Bären standen links und rechts des Weges in der Höhle, ihre Gestalt aus Licht. Als er ein paar Meter gegangen war blieb er stehen und wand sich einem Bärenpaar aus Licht zu.

„Eisch kenn isch doch vun nem olde Bild! (Ich kenne euch doch von einem alten Bild!) runzelte Hermonn die Stirn. „Du sisd aus, wie moim Baba soin Oba!“ (Du siehst aus, wie der Großvater von meinem Vater!) stellte Hermonn leise fest. „Des bin isch!“ (Das bin ich!) antwortete der ältere Bär Hermonn. Hermonn drehte sich auf die linke Seite auf der auch ein Bärenpaar stand. Er schaute sie länger an. „Seid ehr die Großeldern vun moine Mama?“ (Seit ihr die Großeltern von meiner Mutter?) kombinierte Hermonn. Der Bär und seine Frau nickten lächelnd. Denn von ihnen hatte Hermonn bisher kein Bild gesehen.
In ihm machte sich eine Ahnung breit, dass es seine verstorbene Familie sein könnte. Und es war so. Die nächsten Bärenpaar die sich zeigten, waren Waldheinis und Fefis Eltern. Hermonn schluckte. Denn sie kannte er noch. Tief berührt blieb er stehen und schaute von links nach rechts und wieder von der rechten Seite der Höhle auf die linke. Er drehte sich um und blickte nun bewusst auf einen langen, sehr langen Weg von Bären. Die Schrift der Steinplatte am Eingang dieser Höhle fiel ihm wieder ein. „Familie der Hüter“! Er drehte sich wieder zu seinen Großeltern um. Ja, Waldheinis Vater Alfred war Hüter der Farben. Und die Bärenfrauen hüteten schon so lange wie er aus Erzählungen wusste, das Feuer und die Familien-Gebetsbücher. Denn ohne Feuer gab es keine Wärme. Seine Mutter erzählte immer davon, dass das Feuer nie erlöschen dürfe. Weder das Feuer im Küchenherd, noch das Feuer der Liebe. Ohne Wärme und ohne Liebe gäbe es kein Leben. Wenn er nur mal besser zugehört hätte. Dann hätte er es auch nicht verstanden, dachte Hermonn. Erst hier wurde ihm der Zusammenhang klar, dass alle Bären in seiner Familie etwas gehütet hatten. Der Großvater von Waldheini hütete die Geheimnisse der Hummeln. Jetzt wurde Hermonn klar, warum Waldheini so ein enges Verhältnis zu Hummeln hatte. Und er verstand auch, was sein Vater immer damit sagen wollte, dass sein Großvater immer ganz nah ist und nie richtig weg war, wenn er Hummeln sah. Hermonn sah sich weiter um. Plötzlich stieg ihm ein Kloß im Hals hoch. Wenn das seine Familie war, seine Ahnen, dann sind hier alle Bären, die bereits aus dem Leben gingen. Auch die kleinen Bären. Ihm drängte sich das Gefühl auf lieber schnell zurück zum Ausgang zu rennen, als nur noch einen einzigen Schritt weiter zu

gehen. Denn das Gefühl von tausend Nadeln in seinem Körper wollte er nie mehr spüren, als …
„Manni!“ hörte Hermonn eine Stimme, die einem kleinen Jungen gehörte.
Hermonn erstarrte. Und wie auf Knopfdruck blieb ihm die Luft weg. Dieselbe Lähmung ließ seinen Körper erstarren. Wie damals durchfuhren ihn die Stecknadeln mit einem Gefühl von unzähligen Blitzen. Er hatte das Gefühl, als hätte er von jetzt auf gleich keine Knochen mehr, die seinen Körper stützen könnten. Er atmete demonstrativ fest und hart durch, presste die Lippen zusammen und sagte sich, dass er sich nicht so anstellen sollte. Zusammenreißen müsse er sich um nicht in Ohnmacht zu fallen. Sein Kopf dachte nicht mehr, alle Wörter schienen weg, bedeutungslos. Er hatte das Gefühl als ob er von schwarzer Leere aufgefressen würde. So wie damals, als ihm Waldheini und Fefi sagen, dass es Hembelsche nicht mehr kommen wird. Sein Atem wurde schneller, und schneller. Er bekam wieder die Panikatmung und alles was ihm einfiel war: „Bidde loss es ned wohr soi!“ (Lass es bitte nicht wahr sein!) stammelte er. Die Wörter brachen alle Härte und Hermonn ging auf seine Knie. Ein kleiner unscheinbarer, zerbrechlich wirkender Bärenjunge kam auf Hermonn, zugetappst!
„Manni!“ lachte der Bärenjunge und rannte die letzten Schritte auf den weinenden Hermonn zu.
Hermonn hob seinen, in die Pfoten vergrabenen, Kopf und blickte direkt in die Augen seines kleinen Bärenbruders. Hermonns Lähmung brach und er nahm den kleinen Kerl fest in seine Arme.

„HEY Manni! Du bisd jo immer noch so quiddegääl! Äwwer host en rosane Dätsche weg krigt!“
(HEY Manni! Du bist ja immer noch gelb wie eine Quitte! Hast jedoch einen Hauch von rosaner Farbe abbekommen!) lachte der Kleine.
„Isch bin net quiddegääl! Isch bin goldisch wie en Keenisch!“
(Ich bin nicht gelb wie eine Quitte! Ich bin goldig wie ein König!) lachte Hermonn zurück und kniff den Kleinen in die Rippen, der quietsche freudig auf. Hermonn setzte sich nun richtig auf den Boden, streckte seine Beine aus und nahm den kleinen Bär auf seinen Schoß.

„Du kloner Kasper bisd do hunne todal falsch!“
(Du kleiner Kasber bist hier unten total falsch!) sagte Hermonn.
„Bleedsinn! Is alles rischdisch wie‘s is!“
(So ein Blödsinn! Das ist alles richtig wie es ist.) entgegnete der kleine Bär weise.
„Noseweis‘!“
(Schlaumeier!) wusste Hermonn darauf.
„Gor net!“ grinste der kleine Bär.

Beide wurden still und schauten sich an. Der kleine Bär nahm Hermonns erwachsenes Gesicht in seine kleinen Bärentatzen und schaute ihn an. „Mer sin e Familie, die veschiedene Sache hiede dun!“ (Wir sind eine Familie, die die verschiedensten Bereiche hütet!) sagte der kleine Bär ernst.
„Jetz kum mer ner noch! Wer hod en disch jetz zum Sto der weise erklärt!“

(Jetzt mach aber mal einen Punkt. Wer hat dich denn zum Stein der Weisen erklärt!) sagte Hermonn künstlich zynisch, dass man seine aufsteigende Trauer nicht bemerkte.
„Her zu du Kabb! Du monst immer, du host ewisch Zeid unn kennst deu Läwe vegommle, so wie jetz. Du konnst do hinn ner noch korz bleiwe, donn mussd du wirrer geh! Also her zu!"
(Hör mir zu! Du meinst immer, dass du ewig Zeit hast und vergammelst dein ganzes Leben, so wie jetzt. Du kannst jetzt nur noch einen Moment bleiben, dann musst du wieder gehen! Also hör mir zu, wenn es dich interessiert!) sagte der kleine Bär schroff.
„Isch will gor nix hern!" (Ich will überhaupt nichts hören!) schrie Hermonn. Ihm stiegen vor Wut die Tränen in die Augen.
Der kleine Bär blieb unbeeindruckt und lächelte ihn an.
„Ach Manni! Du lässt die Leid immer werrer uff Granid beiße, wonn se der se noh kumme, gell!"
(Ach Manni! Du lässt die Leute immer wieder auf Granit beißen, wenn sie dir zu nahe kommen, gell!) stellte der kleine Bär fest, und kuschelte sich in Hermonns Schoß. Der fing bitter an zu schluchzen und gestand etwas undeutlich, „jetz is alles werrer uffgerisse. Jetz dutt werrer weh. Himmel Arsch unn Zwärn …!" (Jetzt ist alles wieder aufgerissen. Jetzt tut es wieder so weh. Verflixt und zugenäht …!)
„Mach der nix ver, es hot nie uffgehert weh se do. Bloß is deu greune hoimlisch nochds zu mirrische Ontworde doochsiwwer worn. Hosd disch in Biewera ve'kroche unn disch nur noch bewegd wonn de gemissd hosd. Fluchd noch forne. Deshalb bisd de a nemme nuff noch Neikäsche, gell!"
(Mach dir doch nichts vor, es hat nicht aufgehört weh zu tun. Bloß ist aus deinem heimlichen Weinen nachts eine myrrische Antwort am Tag geworden. Du bist nach Klein Bieberau geflüchtet und hast dich keinen Zentimeter mehr bewegt. Nur noch wenn du gemusst hast. Deshalb bist du auch nicht mehr nach Neunkirchen hoch gelaufen, gell!) konfrontierte ihn der kleine Bär.
„Ach moi Hembelsch!" brachte Hermonn nur leise hervor und drückte ihn fest an sich.

Hembelsche richtete sich auf Hermonns Schoß auf, so dass sie sich anschauen konnten.
„Waßd de noch Hermonn, du kommst aus dem Himmel zur Erde nieder. Im Geiste gereift, wachsen Körper und Glieder." zitiere das kleine Hembelsche das Familiengebet.
„Lernst atmen, dann laufen, fühlen, erleben,
erschaffst, und gehst weiter, nach höherem streben. Ja, isch was es noch. Äwwer do wor nix vum stärwe drin."
(Ja, ich weiß es noch. Aber es war nichts über das Sterben in dem Gedicht drin!) fügte Hermonn hinzu.
„Host rääschd. Unser Verse gen ner bis: Kannst du doch nur eine Seele spürn, wenn du gelernt hast, ein Wesen im Herz zu berührn'."
„Word mol!" wurde Hermonn stutzig. „Des is doch des, wos de Speggfuß Friedl mochd. Die Seel spürn. Unn dere Seel dutt er helfe, des se wärn, wos se soi soll. Also quasi erschaffst, und gehst weiter, nach höherem streben haßd des. Unn monschemol is Oner do, wie de Speggßuß Friedl, der om hilfd, wenn mer mond, mer is ello. Isch glab longsom kumm isch de hinner."
(Warte mal! Das ist doch genau das, was Speggfuß Friedl macht. Die Seele spüren. Die von Pflanzen. Und ihr hilft er dann, das zu werden was sie ohnehin sein soll. Also quasi erschaffst, und gehst weiter, nach höherem streben heißt das. Und manchmal ist einer da, wie der Speggfuß Friedl, im richtigen Moment, der einem hilft, wie mir und der Pflanze eben. Ich glaube, ich komme langsam dahinter.) stellte Hermonn glasklar fest.
Worauf ihm der kleine weise Bär antwortete:
„Do hunne, wo die Wozle vun alle Stommbeem vum Modautal sin, wor bis jetz noch ko läwendi Seel. Du konnst mid uns schwätze unn konnst die Leid dro erinnern wo se her kumme und wo se hiegehn! Du konnst Leid helfe, ehr Familie-Gebäd se finne, dass se hoffe unn vetraue kenne. Unser Gebäd geht a weirer. Her mer zu, unn merg der's. Das de dess in unser Stommboombuch neuschreiwe konnsd:"
(Hier unten, wo die Wurzeln von allen Stammbäumen des Modautals sind, war bis jetzt noch keine lebende Seele. Du kannst mit uns reden und kannst Menschen daran erinnern wo sie herkommen und wo sie

hingehen! Du kannst helfen, ihnen ihr Familiengebet zu finden, dass sie hoffen und vertrauen können. Unser Gebet geht auch weiter. Hör mir zu und merke es dir gut. Dass du das Gebet in unserem Stammbaumbuch ergänzen und fertigstellen kannst:)

„Neigt sich die eigene Sonne dem Horizont zu,
versinkt der Mensch in der Erde, zur ewigen Ruh.
Die Seele steigt in den Himmel zurück,
ist wieder ein Sternlein, vom ganzen, ein Stück.
Das Leben auf Erden verändert den Stern,
durch das Berühren der Seelen weiß, was er hat gern.
Ein Erdenleben gibt dem Sternlein seine Kraft,
die er nun einsetzt und über den einen Menschen wacht,
der unter seinem Schutze, die Liebe auf Erden findet
und so die Dunkelheit der Leere erkennt und überwindet.
In jedem von uns, glänzt das Sternenlicht,
das alle Wesen hütet und schützt, nie erlischt.
Es verbindet Himmel und Erde in ewiger Ruh,
geht eine Tür auf, geht eine andere zu."

„De Speggfuß Friedl hot misch jo mitterlweile soweit, dass isch selwär denke und kombiniern konn."
(Speggfuß Friedl hat mich mittlerweile soweit, dass ich selbst denken und Zusammenhänge erfolgreich kombinieren kann.) sagte Hermonn mit einem Lächeln.
„Loss misch rode. DU bisd der Stern. Unn du bisd de Hieder vun unseren Hieder-Familie."
(Lass mich raten. DU bist der Stern. Und du bist der Hüter von unserer Hüter-Familie.) punktet Hermonn beim Hembelsche.
„Jawoll Bär!" sagte er keck, und fuhr weiter fort:
„Haßd: Familie mid gonz wischdische unn besondere Uffgawe, die veel onner Wäse helfe, immer fer all do sin, brauche en gonz spezielle unn besondere Schutzstärn.
Haßd: sie brauche oner, der de Iwwerblick beheld und ene alsemol en schubbs in die rischdisch Rischdung vebassd. Nur net im Kärber,

sondern in ne onnern Form. Bleed is on dere Sach nur, dass es koner so genaa mitkriegt, das mer des sin.
Haßd: die Leid losse oldes ned los, wie du, wärn mirrisch und grummelisch unn kumme ofach net meh uff die Fieß."
(Heißt: Familien mit besonderen und wichtigen Aufgaben, die viel für andere Wesen tun, immer helfen, immer da sind, immer selbstlos sind, brauchen einen besonderen Stern der sie beschützt.
Heißt: Sie brauchen jemanden der den Überblick behält und sie, wenn es nötig ist, mal etwas in die richtige Richtung schubst. Also wir sind die, die eurem Glück auf die Sprünge helfen. Das ist unsere Seelenaufgabe. Nur nicht als Körper sondern in einer anderen Form.
Heißt: Die Leute lassen uns vor Trauer nicht los, werden mürrisch und grummelisch wie du und kommen einfach nicht auf die Füße) erklärte der kleine weise Bär mit einem Augenzwinkern.
„Aja, unn wenn's eh Fäädisch is, säje mer uns do hunne in dere Hehl eh werrer."
(Siehst du und wenn das Leben vorbei ist, sehen wir uns hier unten in der Höhle sowieso wieder.) versuchte Hermonn sachlich zu antworten.
„Do hunne is es Wisse iwwer alle die Familie g'speichert. Wenn mer begrowe werd, wärd a des Wisse begrowe. Des is a bleed. Weil's ko Hieder vum olde Wissens gid! Hallo? Vestonne?"
(Hier unten ist das Wissen der Familen gespeichert. Wenn man begraben wird in der Erde, wird das Wissen mit begraben. Das ist blöd. Weil es kein Hüter des alten Wissens gibt. Hallo? Verstanden?) Hembelsche räusperte und räusperte sich und zwinkerte Hermonn zu.
Hermonn grinste und sagte trocken: „isch häb der g'sod, dass de Speggfuß Friedl alles gäwwe hod unn isch jetzt kon Posde meh uff em Kopp zwa geklobbd krieje muss, dass isch vesteh um wos das es geht!"
(Ich habe dir bereits gesagt, dass Speggfuß Friedl alles gegeben hat, um mich gut zu unterrichten. Ich brauche keinen Wink mit dem Zaunpfahl mehr, dass ich verstehe um was es geht.)
„Donn is gud." sagte das kleine Hembelsche von Bär.
Beide blickten sich nun ernst an.

„Isch häb disch lieb, du Hembelsche! Isch was noch net genaa wie, äwwer isch vespresch der, dass isch disch ned vegess unn net vegess wos du mer g'sod hosd!"
(Ich hab dich lieb, du handvoll Bärenbruder! Ich weiß noch nicht genau wie, aber ich verspreche dir, dass ich helfe wo es nur geht! Und ich werde nicht vergessen, was du mir gesagt hast!) versprach Hermonn.
„Des wärs du net!" lachte Hembelsche. Er hatte ein ganz kleines Briefchen aus bereits vergilbtem Papier in der Hand. „Du hosd's die Fehischkeid in de Leid ehrm Härz, Himmel und Erde zu vebinne, unn denne die deu Hilf brauche weider se hälfe. Du siehd die Seel vun Wem und siehsd, wos die fer Talende midbringe, so konnst du denne hälfe ehr Uffgab se finne. Alles wos mer selwer erforn hot, konn mer äschd weirer gäwwe, ohne dass es geloche is! Do häb isch noch wos fer disch. Unn glab mer's, du vegissd misch ned. Strah des vor unseren Heehl ins Blummebeed. Se meum Gebordsdooch negschd Johr wärnd die Blimmschen uff geh. Gäb unseren Moma unn em Babbe en gonz digge Kuss vun mer. Des vebinnd Himmel unn Erd!"
(Du hast die Fähigkeit die Herzen der Menschen, Himmel und Erde zu verbinden und jenen Menschen die deine Hilfe brauchen weiter zu helfen. Du siehst die Seele von allem, was jemand für ein Talent mit auf die Erde bringt und kannst jedem helfen, seine Aufgabe zu finden. Alles was man selbst erlebt hat ist wirklich, ist wahr.) schloss Hembelsche seine Botschaft ab.
Zustimmend nickend übergab er Hermonn das kleine Briefchen mit einem Körnchen darin, so fühlte es sich auf jeden Fall an. Die Stimmung des Abschieds lag in der Luft. Manchmal merkt man einfach wortlos, wenn alles gesagt ist.
„Isch glab es wärd Zeit se geh!" sagte Hermonn traurig.
„Ja." antwortet auch der kleine Bär knapp.
Sie standen beide auf. Hermonn beugte sich noch einmal zu dem kleinen Bär hinunter.
„Obschied is immer scheiße!" sagte der kleine Bär.
„Wodruff de oner losse konnsd!" lachte Hermonn.
Die Umarmung brauchten sie nicht bewusst zu lösen. Der kleine Bär wurde immer durchsichtiger, bis man nur noch feine Konturen erkennen konnte.

Statt jedoch die befürchtete Traurigkeit und Leere zu fühlen, merkte Hermonn, wie er immer kräftiger im Rücken wurde und immer mehr und mehr aufrecht stand.
„Gugg der se noche mol o, Hermonn! Des alles sin die Bärn und unserne Familie, die ihrn Wäg gonge sin unn dodemid es Stick vun deum Wäg gleisch gemochd häwwe. Du bestimmst ello do driwwer, wie unn wie weid du deun Wäg gehst, und wie veel Wäg du fer deu Kinner schunn gleisch machs!"
(Schau dir noch einmal alle Bären an, Hermonn. Das sind deine Familie, deine Ahnen, die verstorbenen Seelen. Sie alle sind ihren Weg gegangen und haben ihre Seelenaufgabe erfüllt. Sie haben ein ganzes Stück von deinem Weg geebnet. Du bestimmst alleine darüber wie und wie weit du deinen Weg gehst. Und wie viel Weg du bereits für deine Kinder ebnest!) hallte Hembelsches Stimme noch nach.
Hermonn ging andächtig an den Bären vorbei. Er nahm sich Zeit, sie zu betrachten. Die Bären hatten sich über Generationen wirklich verändert. Aber eines hatten sie gemeinsam. Sie waren alle deutlich unterschiedlich. Man erkannte, dass jeder Bär das im äußeren Leben lebte, was sein Herz ihm sagte. Auf den ersten Blick war bei jedem zu erkennen, was seine Aufgabe war.

Die Seele an sich ist der stumme Begleiter. Wir haben nur eine Ahnung von unseren Herzenswünschen, weil das Herz die Stimme der Seele ist. Es gibt nicht Ruhe. So sehr wir es unterdrücken, kehren die geheimen Herzenswünsche, die unsere wahren Lebensaufgaben spiegeln, durch immer wiederkehrende Zeichen in unser Leben zurück.
Als Hermonn mit nachdenklichen Schritten die Höhle verließ, tapste er in die dunkle Nacht.
In der Höhle war es zwar auch dunkel. Aber so stockfinster wie ihm diese Nacht jetzt erschien, war es drinnen nicht.

* * *

20. Uff die Sischdweis kimmt's o

Wenn's emol gor net so weirer geh will,
brauch mer sem gugge net ubedingt e Brill.
Monschemol steggt e Erkenntsis uff de onnern Seit
von dem wos mer glabt, do wisst mer bescheid.
Monschemol hilfts neutral se betrochte,
donn konn mer e onerie Moinung mit Resbegt bedrochte.

Hermonn blickte sich immer wieder unsicher um. Es war kein Morgen in Sicht. Die Erlebnisse machten ihn nachdenklich und er war durcheinander. Es fiel ihm schwer, sich auf diese neue Welt der Gedanken, der Seelen, unter der Erde einzulassen. Und doch wusste er es so sicher wie er wusste, dass der Name seiner Mutter Fefi war, dass seine Erlebnisse wahr waren. In alter Gewohnheit begann er im Laub zu trippeln, um sich hinzusetzen. Doch dann seufze er bestimmt, ballte seine Fäuste und runzelte entschlossen die Stirn. Nein, das wollte er unterbrechen. Ihm wäre danach, sich hier vor die Höhle zu setzen und abzuwarten bis der Morgen kam. Doch in all seinem gedanklichen Durcheinander spürte er, was nun zählt. Er spürte genau, was er gelernt hatte:
„Em Aschhernsche helfe, beweje weil isch waß dass es dutt unn ned es Gnigg euziehje."
(Dem Eichhörnchen helfen, mich bewegen, weil ich weiß, dass ich es kann und nicht den Kopf hängen lassen!) beschloss Hermonn. Mit dem schnellen Bewegen wurde es aber nichts.
„Alder Monn, wos häb isch bei dem Dunkle do im misch rimm, de Knoddel in de Hos!"
(Ohje, was habe ich doch Angst alleine im Dunkeln!) dachte Hermonn mit wackeligen Knien.

„Die Moma segt immer, gug net serigg! Als noch vorne gugge und weirer mache. Liewer Himmel, isch häb äwwer Ongst so mudderseele-ello do im Wold.“

(Meine Mama sagt immer: Nicht zurück schauen. Immer nach vorne schauen und weiter machen. Lieber Himmel ich hab´ so Angst, mutterseelenallein hier im Wald zu sein.) gestand sich Hermonn ein. Unsicher schaute er doch zurück zur Höhle aus der er kam. Was er da sah, war zutiefst beeindruckend. In zartem leuchtendem Pastellton waren die Schemen seiner nächsten Vorfahren zu erkennen. Seine Großeltern, Ur-Großeltern mütterlich- und väterlicherseits und Hembelsche im Vordergrund. Er sah in diesem Licht den gewaltigen Umfang des Höhleneingangs, neben dem zwei mächtige Wildschweineber, in Stein gemeißelt, die Höhle zu bewachen schienen. In dem Höhleneingang selbst thronte seine Familie und über der Höhle eine mächtige uralte Eiche. Alles glimmte ganz sachte in diesem besonderen Licht. Hermonn sah die wohlwollenden Blicke, den Stolz der alten Bärenmänner und die Liebe der Bärenmütter. Er fühlte wie er Haltung einnahm, er hatte das Gefühl, als ob sie ihm den Rücken stärkten. Einfach so. Mit einem tiefen Atemzug atmete er die Kraft seiner Vorfahren ein, die weitaus andere Kämpfe des Lebens zu meistern gehabt hatten, als alleine von der Höhle den Heimweg zu suchen. Demütig über diese Erkenntnis wusste er, dass er niemals alleine war. Es gab immer Bären die vor ihm da waren und es wird viele Bären nach ihm geben. Und er wird auf diese Weise immer im Schutz seiner Familie eingebettet sein. Hermonn schoss der Gedanke durch den Kopf, dass auch er dort irgendwann einmal stehen würde. Und auch er wollte den zukünftigen Bären, die Halt suchen, mit seinem Leben ein Vorbild sein und Stärke geben. Dieser Gedanke machte ihn froh und stark. Ja er wollte ein stolzer Teil der Hüter-Bärenfamilie werden. Hermonn atmete wissend aus. Er nickte zufrieden und bedankte sich auf seine Art wortlos bei seinen Familienvorfahren. In der Geborgenheit dieses Erlebnisses, tat er den ersten Schritt als „neuer“ Hermonn und trat den Heimweg an. Er fühlte sich froh, sicher, ja sogar selbstsicher.

Hermonn lief und lief. Gerade aus bergauf, immer weiter bergauf. Er hatte keine Ahnung in welchem Teil des Waldes sich die Höhle befand, er hatte keine Ahnung, wo er jetzt war. Er lief entschlossen einfach immer wieder bergauf. In der Dunkelheit bemerkte er, dass sich der Waldboden veränderte, weicher und feuchter wurde. Er merkte, dass mit jedem Schritt immer mehr Erde an seinen Tatzen kleben blieb. Er kam in ein Waldstück, das feucht war und wo das Wasser in den Pfützen stehen blieb. So geschah es, dass Hermonn gedankenlos in eine sehr große Pfütze trat. „Ou mon, des a noch, jetz häb isch en nassi Tatz.“ dachte er und zog seinen Fuß aus der Pfütze. Ratlos schaute er sich seine Tatze an. Das Wasser der Pfütze wurde wieder still. Er sah sich die Pfütze, die wie ein glasklarer Spiegel wirkte, an. In ihr spiegelte sich der Himmel. Er sah die kleine Mondsichel und die Baumwipfel. Er blickte nach oben, noch nie war der Mond so zum Greifen nah gewesen. Es schien so, als bräuchte er sich nur zu bücken, um ihn berühren zu können. Selbst die Baumwipfel waren zum Greifen nahe.

Ihm fiel ein, dass Speggfuß Friedl ihm mal gesagt hatte, dass es nur auf die Sichtweise drauf an kam. Manchmal muss man eine andere Sichtweise in Betracht ziehen. Hermonn schaute nach oben, zwischen den Bäumen hindurch. Er überlegte, wie der Mond wohl die Welt sah. Ob der Mond ihn auch sehen konnte. „Unn donn?“ fragte sich Hermonn, „Wos is donn, wenn de Mond misch a säje konn?“ (Und was ist dann, wenn der Mond mich auch sehen kann?)
Schmunzelnd und kopfschüttelnd ging er weiter. „Jetz fengd‘s o. So geht’s om donn, wenn mer sich Gedonge do driwwer macht, ob de Mond om säje konn orrer net.“ (Ach herjeh, jetzt geht es los mit mir. So geht es einem dann, wenn man sich Gedanken darüber macht ob der Mond einen sehen kann.) kicherte er über seine neuen Gedankengänge. Hermonn seufze tief. Er war schon lange unterwegs. Stirnrunzelnd überlegte er, ob er sich jetzt nur mal kurz hinsetzen könnte. Nur kurz ausruhen.

Er beugte sich näher zum Boden und begann zu schnüffeln, mehr rechts roch es nach Moos, weiter rechts und noch ein Stück. Genau hier wurde der Boden wieder fester und trockener. Er nickte bestätigend und beschloss sich genau hier niederzulassen, was er auch tat. Als sein Bärenhintern das Moos spürte, war das ein unwillkürliches Signal für Hermonns Augen sie zuzumachen.
Zufrieden eingerollt schlief er tatsächlich ein und brummte wohlig.

* * *

21. Warim hogge Drache immer onnere Quell?

E Drebbsche vum Räje, so klo kaum zu säje,
felld uff en Berg, ins Meer orrer in Seeje.
Is es emol uff em Borrem o kumme,
is e Bach des Ergebnis von nem Drebbsche die Summe.
Seit Millione vun Johrn is des Drebbsche unnerwägs,
mol in de Luft, mol im Meer, mol als Dunst nur bewegt.
Sei der bewusst, dass Wasser schun iwwerol wor,
friejer, heit und immer dar.
Velleischd kimm des Drebbsche ins Modautal serigg
unn berischd vun de Welt der e Stigg.

„Ou“ schreckte Hermonn auf und sagte in alter Manier, als würde Manfred bei ihm sitzen: „beinoh wär isch eu‘schlofe!“
(Ach herjeh! Beinahe wäre ich eingeschlafen!)

„Es war nicht zu überhören, dass du geschlafen hast, Hermonn!“ sagte eine freundliche Stimme in einem mütterlich weichen Ton, die Hermonn schon lange kannte.
„Eldora!“ entfuhr es Hermonn, der nun genau wusste, dass er es zur Modauquelle geschafft hatte.
„Na du hast ja aufregende Tage hinter dir!“ lachte Eldora die Quellhüterin.
„Ou, des is wohr!“ stimmte Hermonn voller Freude hinzu. Dann wurde er stutzig. „Woher waßd n du des?“ staunte er.

„Drachen wissen immer alles!“ antwortete sie keck.
„Äschd wohr?“ wollte Hermonn wissen. (Wirklich wahr?)
„Ja das ist so!“ bestätigte Eldora.

Hermonn schaute sich um. Er sah die Umgebung der Modauquelle. Es war viel weicher Waldboden zu sehen, rings um die Quelle war die Erde feucht und es wuchsen zahlreiche Pflanzen, rund um das ganze Jahr. Die Quelle war schützend in dicke Felsen gebettet.
„Sochemol, isch kenn disch schun so long unn wolld disch die gonz Zeid schun wos freje!"
(Sag mal Eldora, jetzt kennen wir uns schon so lange. Ich wollte dich die ganze Zeit etwas fragen.) begann Hermonn etwas kleinlaut.
„Äjendwie mon isch immer, dass ehr Drache mit Feier se do häd unn net mädde im Wold uff e Quellsche ochdbassd! Wie kimmd des?"
(Irgendwie dachte ich immer, dass ihr Drachen mit Feuer zu tun habt und nicht mitten im Wald auf eine Quelle aufpasst! Wie ist es dazu gekommen?) fragte Hermonn interessiert.

„Du hast ganz recht Hermonn, wir Drachen hüten das Feuer. Das Feuer beinhaltet mehr als es auf den ersten Blick aussieht! Am Anfang, als es die Erde noch nicht gab, war es hier auf dem Erdkern heiß. So heiß dass du es dir gar nicht vorstellen kannst. Immer wieder kamen Kometen, riesige Sternschnuppen und schlugen hier auf den Feuerball ein. Nach langer langer Zeit beruhigte sich alles. Dennoch brannte die flüssige Erde, die Lava. Das ist das Zuhause von uns Drachen. Du weißt ja, dass die Erde ganz tief drinnen immer noch flüssig ist, und heißer als man denkt." erklärte Eldora.
Hermonn stand vor Begeisterung der Mund offen.
„Heilischer Bim Bom! Unn donn?" stieß er neugierig hervor.
„Über lange Zeit erkaltete die Erde. Weil in den großen Sternschnuppen, den Kometen auch Wasser enthalten war. Und das viele Wasser durch die Hitze verdampfte. So kam es, dass sich aus dem verdampfenden Wasser Wolken gebildet haben. Und da durch die Hitze immer mehr Wasser in den Himmel stieg, wurde das den Wolken zu schwer. Und so begann es lange Zeit zu regnen."
„Wenn uff de haase Kischeherd vun moine Moma Wasserdrobbe kumme, vedompfe die glei werrer! So ugfähr muss des gewäse soi."
(Wenn auf den Holzherd meiner Mutter Wassertropfen fallen, verdampfen die gleich wieder!) dachte Hermonn mit.

„Genau! Der Regen verdampfte auch gleich wieder und stieg in die Wolken. Deshalb regnete es so lange, bis der Regen die Erdoberfläche kalt werden ließ. Aus der heißen Lava wurden Steine. Aber unter den Lavasteinen bewegte sich die Lava weiter. Das Lava verschob die fest gewordene Steinerde wieder. So entstanden Täler und Berge. In den tiefen Tälern sammelte sich dann nach und nach das Wasser des Regens, bis es die Meere gab." erklärte Eldora auf ganz einfach Weise, wie über Millionen von Jahren die Erde entstanden war.
„De Babba hot mer schun vum Meer vezehlt, wie mer beim Gondal, de Aasch gehoggd häwwe. Er hod g'sod, des wär so, als ob alles unner Wasser steh ded bis de Himmel o'fengd. Außer die Nejkärscher Heh. (Mein Papa hat mir schon vom Meer erzählt, als wir bei Gondal der Eiche gesessen haben. Von dort aus kann man weit schauen. Er hat gesagt, dass es so wäre, als ob alles unter Wasser stehen würde, bis der Himmel ganz hinten anfängt. Außer die Neunkirchner Höhe!) berichtet Hermonn mit großen Augen.
„Isch häb mer des long iwwerhaabd net vorstelle kenne, wie des geh soll. Äwwer omol, bevor mer in Winderschlof gonge sin, hod misch moin Babba noche mol mid naus genumme. Mer sin gonz weid nuff gonge, uff die Neijkärscher Heeh. Soweid nuff wie's ner gonge is. Des wor des schensde, wos isch g'säje häb bis dohi! S Näwwelmeer iwwer's gonze Dol."
(Ich habe mir lange nicht vorstellen können, wie ein Meer aussehen soll. Aber einmal, kurz bevor wir im Spätherbst in den Winterschlaf gingen, hat mich mein Papa noch einmal mit raus genommen. Wir sind ganz hoch auf die Neunkirchner Höhe gelaufen, soweit hoch wie es nur ging. Das war das Schönste, was ich bis dahin gesehen habe!) schwärmte Hermonn.
Eldora lächelte wissend und ließ Hermonn fortfahren.

„Die Sunn hot iwwer em Meer vun Näwwel g'stonne und rodgolden g'strahld. Alles, wärklisch alles wor mid Näwwel zu. Moin Babba hod g'sod, vun Bronne, Hoxhohl, also unnerm Näwwel ded des aussähje wie Wolge. Unn wenn se Pesch häwwe, die Leid unner de Wolge, den se mädde im Näwwel hogge unn die Henn vor de Aache ned säje!"

(Die Sonne schien über einem rotgoldenen Nebelmeer. Alles, wirklich alles vor und unter dem Nebel war rotgolden. Alle Bäume, die ganzen Ortschaften, bis der Himmel anfing! Und mein Papa hat gesagt, wenn die Leute unter den Wolken Pech haben, sitzen sie direkt im Nebel und sehen die Hand vor den Augen nicht.) kicherte Hermonn.
„Em Baba soin Uhu hod g'sod: Alder wos e Näwwelsubb!"
(Der Uhu von meinem Papa hat gesagt, das wäre kein Nebelmeer, es würde aussehen wie Nebelsuppe!) wich Hermonn immer weiter vom Thema ob.
Hermonn überlegte kurz. „Also e Meer is gonz veel Wasser bis zum Himmel, do kimmt long nix." (Zusammengefasst ist Meer ganz viel Wasser das bis zum Horizont reicht. Da kommt im Prinzip lange kein Land mehr.) versuchte er wieder an seiner Frage anzuknüpfen, warum Drachen Wasser hüten.
Eldora wartete einen Moment bevor sie weiter fortfuhr, „Die Kraft des Feuers holt das Leben hervor. Wenn die Steine der Sternschnuppen nicht geschmolzen wären, hätte es das Wasser nicht freigegeben. Ohne die Luft könnte das Wasser nicht verdampfen und kein Lebewesen könnte ohne Luft und Wasser Leben. Und die Erde bringt die Nahrung hervor, die wir alle zum Leben brauchen."
Hermonn merkte, dass es ihm wesentlich leichter fiel, Eldoras Erklärungen auf Anhieb zu verstehen, als die Erklärungen von Speggfuß Friedl. Wie die Erde entstand erschien Hermonn logisch und er konnte sich alles merken ohne dass er sich anstrengen musste.

Die Erfahrungen von Speggfuß Friedl waren genauso wahr, nur spürte er was Speggfuß Friedl meinte. Auch wusste Hermonn, dass seine Erlebnisse mit ihm wahr waren. Er wusste es, aber sein Kopf und seine Gedanken waren ihm bei dieser Art von Verständnis keine Hilfe.
„Also, wenn so veel Zufäll net bassiert wär, geb's heit ko Läwe unn ko Erd?"
(Wenn so viele Zufälle nicht passiert wäre, gäbe es heute kein Leben und auch keine Erde?) ging Hermonn durch den Kopf.
Eldora nickte. „Die Drachen kennen das Geheimnis des Feuers, aus dem all unsere Elemente der Erde, des Lebens, entstanden sind: Feuer, Erde,

Wasser, Luft. Wir hüten seit Anbeginn der Erde das Geheimnis des Lebens." ging Eldora ins Detail.
„Des konn isch alles ganz gut nochvollziehje. Äwwer warim seid ehr Drache om Wasser? Wasser leschd doch Feier?"
(Das kann ich alles ganz gut nachvollziehen. Aber warum seid ihr Drachen am Wasser? Wasser löscht doch Feuer?) hakte Hermonn scharfsinnig nach.
„Es geht nicht darum, dass Wasser Feuer löscht, es geht um das Leben selbst. Alle Elemente werden zum Leben gebraucht. Ohne Essen schafft man es eine Zeit lange durch zu halten. Aber ohne Wasser bist du in ein paar Tagen verdurstet. Ohne Luft schaffst du nur ein paar Minuten durchzuhalten. Das Wasser, jeder Tropfen ist seit Millionen von Jahren derselbe. Es gibt kein neues Wasser. Unser Wasser ist immer daselbe. Es reinigt sich, in dem es über die ganze Welt wandert. Als Tropfen verdunstet es und zieht mit den Wolken über die Welt. Dann fällt es an einem ganz anderen Ort runter als an dem, wo es verdunstet ist. Dort versickert es in die Erde, sammelt sich unter der Erde und tritt an einer Quelle, gereinigt durch die Erde wieder nach oben. Jedes Wesen braucht Wasser. Wasser ist und war in jedem Wesen, seit Millionen von Jahren! Es durchläuft alle Elemente." erklärte Eldora.
„Sog das des net wohr ist!" entfuhr es Hermonn panisch. „Haaßt des, ... ouw bidde net! Haas des, im schlimmsde Fall, isch tring des sälwe Wasser wos der veriggde Woldworm Gilbert im Laib katt unn werrer velorn hod?"
(Sag dass das nicht wahr ist! Heißt das, ... oh bitte nicht! Heißt das, im schlimmsten Fall, ich trinke daselbe Wasser, das der verrückte Waldwurm Gilbert im Körper hatte und wieder verloren hat?) riss Hermonn seine Augen auf.
Eldora musste so herzlich lachen, dass all ihre leuchtenden Drachenschuppen anfingen in der Morgensonne zu glitzern. „Ja!" sagte sie, als sie sich etwas gefangen hatte. „Das Wasser ist der größte Wissensspeicher dieser Erde, Hermonn. Es war schon überall auf der Welt und kehrt irgendwann immer wieder zu der Heimatquelle zurück, aus der es entstanden ist.

Und wir Drachen hüten das Wissen eines Ortes. Wir hüten das uralte Wissen des Wasser, der Quelle, des Lebens und das Wissen des Universums.“ schloss Eldora ihre Geschichte ab.
So erschrocken wie Hermonn auch über den kleinen Kreislauf des Wassers war, so sehr faszinierte ihn die Vorstellung, woher das Wasser aus der Modauquelle kam. Wo der Regen aufgestiegen war, der hier zur Erde gefallen war, hier im Orewold versickert war, sich hier in den Tiefen des Neunkirchner Waldboden gesammelt hatte, um wieder – genau hier – fröhlich hervorzusprudeln, um sich wieder auf die Reise zu machen.
„De Baba hod immer mol werrer vum Kreislauf vum Läwe g‘schwätzd. Isch hab als net gewissd, wos er dodemid mond. Isch glab, isch krig longsom e Idee devo.“
(Mein Papa hat immer mal wieder vom Kreislauf des Lebens erzählt. Ich wusste nicht, was der damit meint. Ich glaube langsam dämmert es mir, um was es geht.) stellte Hermonn fest.
„Beeudruggend! Isch iwwerlegg grod, wos des fer misch haßd. Isch häb jo jetz veel erläbd in dene poor Doog. Hod des iwwerhab wos mid mer se do, wos du mer grod ve‘zehld host?“
(Beeindruckend! Ich überlege gerade, was das für mich heißt? Ich habe in den letzten Tagen so viel erlebt. Hat das überhaupt etwas mit mir zu tun, was du mir gerade erzählt hast?)
Eldora schaute Hermonn zufrieden an. „Ich bin nun schon so lange auf dieser Welt, habe sie von Anfang an gesehen. Habe so viele grundlegende Veränderungen erlebt. Was ich dir mit auf den Weg geben kann ist, dass das Leben leben will. Die Entwicklung des Lebens macht niemals halt. Man mag noch so viele Entscheidungen aus der Vernunft heraus treffen. Aber die Seele eines Wesens ist so stark, wie die Kraft der Elemente, von Feuer, Wasser, Luft und Erde selbst. Das Leben wird einen immer an die Hand nehmen und zeigen wollen, welche Fähigkeiten und Kraft in einem stecken.
Die Eiszeit war nicht von Dauer, die Tropenzeit war nicht von Dauer hier auf der Erde. Es geht alles weiter. Es entwickelt sich alles weiter. So entwickeln wir Wesen der Erde uns immer weiter und weiter. Und wenn wir glauben alles sei durcheinander und verwirrt, es gäbe nur noch Veränderung und das Leben dreht sich wie ein Karussell immer schneller, dann gehe in den Wald. Hier bist du dem Leben ganz nah.

Eingebettet in die Jahreszeiten, die immer wiederkehren, in den Zyklus der Pflanzen die aufgehen, blühen, wieder vergehen und die Zeit im Winter der Ruhe. Alles hat seine Zeit und doch kommt alles wie es kommen muss. Und das ist die Magie des Lebens, die kein Wesen beherrschen kann. Dafür schenkt das Leben uns die Sicherheit der immer wiederkehrenden Zyklen und Rhythmen." schloss Eldora ab.
Hermonn lachte. Er hatte den Sinn einigermaßen verstanden, so fasste er in seinen Worten zusammen: "Korz g'sod haas des es geht immer weirer im Läwe unn wenn mer net meh weirer waß, soll mer noch de Natur gugge, die alles veennerd äwwer des wos se veennert is immer es sälwe." (Kurz gesagt heißt das, dass es immer im Leben weiter geht. Und wenn man nicht mehr weiter weiß soll man in die Natur gehen, um zu sehen, dass alles was sich verändert doch immer dieselbe Veränderung ist.) fasste Hermonn noch einmal für sich zusammen.
„Genau so!" lachte Eldora.
Hermonn schaute sich um. Die Sonne war bereits weit über die Quelle Richtung Winterkasten gewandert. „Ou mon! Isch schun bol Middoog!" (Oh jeh! Es ist schon bald Mittagszeit!) stellte Hermonn fest und wie auf Kommando begann sein Magen ganz laut zu knurren.
„Alla donn mach isch misch emol uff de Wäg. Donge, gell?! Isch häb jo dodemid iwwerhab net gereschend so veel se hern. Unn vor allem se vesteh! Donge."
(In diesem Sinne mache ich mich mal auf den Weg nach Hause. Danke, gell?! Ich habe damit überhaupt nicht gerechnet so viel zu erfahren und vor allem, dass ich es verstanden habe! Danke!) sagte Hermonn. Voller Vorfreude machte sich Hermonn auf den Weg nach Hause, zu seinen Eltern, Fefi und Waldheini. Beherzt kraxelte er den kleinen Hang, wieder auf den Weg hinauf. Noch nie hatte er sich so gefreut, nach Hause zu kommen. Auf dem Weg klopfte sich Hermonn altes Laub ab und zupfte sich kleine Stöckchen aus dem Fell. Genau bezeichnen, was er war und was er „jetzt" konnte, konnte Hermonn nicht. Er wusste einfach nur, dass etwas Grundlegendes mit ihm passiert war das ihn verändert hatte. Er schüttelte den Kopf weil er immer noch nicht glauben konnte, was ihm in den letzten Tagen alles passiert war. Mit einem breiten Lächeln begann er leichtfüßig nach Hause zu joggen.

Die Steinchen auf dem Boden knirschten unter seinen Schritten, er spürte ganz bewusst die Luft in seinem Bärengesicht. Es ging bergab, was ihn die Arme hochnehmen ließ. Hermonn wollte nichts mehr versäumen. Er wollte den Wind in seinem Fell unter den Armen spüren. Der Schwung verlieh ihm eine Leichtigkeit beim Rennen, als ob er fliegen würde. Er spürte seinen Körper leicht und schwungvoll, wie nie zuvor als Bär. Bei geschlossenen Augen hörte er links vor sich die kleine Bach plätschern. Sie verriet ihm, gleich in der Nähe des großen Bärenfelsen zu sein. Dort wo sein zu Hause war.

* * *

22. Unn die Zufäll lenkt oner, denn mer nie se greife krigt

Em Zufall werd oft ko Bedeidung zugestonne,
Sache bassiern, ob Fra orrer Monne.
Do is äwwer wos, veel greßer wie mir,
des hot uns geborn, deshalb sin mer hier.
Do git's wos, des lesst sisch net in die Korde gugge
iwwerraschd uns, dass mer sich nur om Kopp konn jugge.
Alles iwwerleje hot do kon wert,
s is net bereschenbar, wie Wasser uff em Herd.
Veel se oft begreift mer erst hinner her,
wos mer sich gemocht hot im Läwe so schwer.
Velleischd denkt mer es nexde mol dro,
mach disch net feriggt, velleischd e onner mol.

„Hmmmm!" schnaubte Waldheini, der mit seiner dicken Bärenschnute über den Töpfen auf dem Küchenherd hing, die vor sich hin dampften und klapperten.
„S gid heit nur wos korzes!" (Heute gibt es etwas, was nicht so aufwendig gekocht wurde!) sagte Fefi in Gewohnheit. „Heid häb isch gebudzt! Gell?" (Heute habe ich die Höhle geputzt! Gell!) erklärte sie und schaute Waldheini bestimmend an, als sie das „gell" betonte!
„Häb's vestonne. Zwaa Doog Fieß obbärschde! GELL!"
(Ich habe es verstanden. Das bedeutet ich muss zwei Tage meine Füße abbürsten, um den Dreck vor der Höhle zu lassen! GELL!) betonte Waldheini auch sein bestätigendes und zugleich zynisch nachfragendes „gell", um Fefi zu signalisieren, dass er genervt war und es verstanden hatte.

Er fand es immer überflüssig, so eine Menge Arbeit in die ständige Putzerei zu stecken.
Bei diesem Gedanken erreichte ihn wieder eine nach Speck und Schnittlauch riechende Dampfwolke von einem der Kochtöpfe und er war sofort wieder handzahm, als er das gute Essen roch. „Hmmmm, wie des riiischd!" vergaß Waldheini das ganze Putzthema.
Doch ein Geräusch von draußen ließ Fefi und Waldheini aufschrecken, sie schauten sich erschrocken an. Von draußen quietschte und fiebste etwas ganz schauderhaft. „Monfred!" stießen Fefi und Waldheini tonlos wie aus einem Mund hervor. Fefi rückte im Affekt noch beide Kochtöpfe mit den Salzkartoffeln und der grünen Soße auf die Seite, um mit Waldheini wie auf ein Kommando aus der Höhle zu eilen, um Manfred helfen zu können. Draußen angekommen, schnauften beide vor Schreck.
„Wos? Wos is bassiert? stürmte Waldheini.
„Dudd der wos weh?" wollte Fefi mit einem besorgten Blick wissen.
„Dooo d-d-dooo!" stotterte Manfred. „D-d-d-dooo unne!" war das Einzige was er in seiner Aufregung quietschen konnte. Schließlich war er eine Maus.
Fefi, Waldheini und Manfred schauten auf den Weg. Da kam ein leichtfüßiger Hermonn ganz elegant angerannt. Es sah sehr gekonnt aus.
„Ei du liewe Zeid! Des is jo de Hermonn?! Wos hod donn der Buu mid soim Fell gemochd? Der sieht aus, als wär'rer mid nem rosa Jägge gewesche worn, des obg'färbd hod?"
(Ach du liebe Zeit, Hermonn?! Was hat der Junge nur mit seinem Fell gemacht? Das sieht aus, als hätte ein rosa Jäckchen in der Waschmaschine abgefärbt.) stammelte Fefi total irritiert.

„Isch häb gewissd, du schaffst des Hom se finne!" (Ich wusste, dass du es schaffst wieder nach Hause zu finden!) rief Waldheini überglücklich Hermonn zu.
„Ach geh fort! Gor nix hos'de gewisst!" (Von wegen! Nichts wusstest du!) stichelte Fefi und erntete dafür einen ärgerlichen Blick. Doch die Freude der Rückkehr von Hermonn überwog.

Manfred war nicht mehr zu halten. Wendig lief er den Weg von der Höhle auf Hermonn zu.
Hermonn lachte und freute sich aus ganzem Herzen. „Monfred!" rief er, „Monfred!"
„Alder Vadder! Du rennst wie e Reh dosch de Wold!"
(Respekt! Du rennst wie ein Reh durch den Wald!) bewunderte Manfred Hermonn, die voreinander stehen blieben. Manfred schaute Hermonn von oben bis unten an. Da fiel Manfred das Erlebnis ein, dass er mit Waldheini kürzlich auf dem Waldweg hatte.
„Du, doletzd is wos on em Woldhoini unn mer vo'bei gerennd, do häb isch noch g'sod, des is ab gonge wie e rosa Mobbed!"
(Du, vor kurzem ist an mir und Waldheini jemand vorbeigerannt, wobei ich mir gedacht habe, der ist so schnell wie ein rosa Motorrad!) überlegte Manfred scharfsinnig.
„Wer waß des schun!" (Wer weiß?) lachte Hermonn.
Wer braucht schon viele Worte. Sie nahmen sich in die Arme.
„Isch bin froh, dass du werrer uffgetauchd bisd!"
(Ich bin froh, dass du wieder da bist!) gab Manfred zu und löste die Umarmung.
„Isch a! Du glabsd net, wos es net alles fer Sache git!"
(Ich auch, das kannst du mir Glauben) sagte Hermonn, und fuhr fort, während sie gemeinsam den kleinen Weg zur Höhle durch das Dickicht liefen.
„Moma!" sagte Hermonn leise und gerührt, der Fefi und Waldheini eine gefühlte Ewigkeit nicht mehr gesehen hatte. „Babba!" mehr brauchte es nicht. Sie nahmen sich in die Arme.
„Liewe Leid no! Wos is donn mid der bassierd? Gehd die rosa Fab werrer raus?"
(Du meine Güte! Was ist denn mit dir passiert? Kann man diese rosa Farbe wieder rauswaschen?) hakte Fefi mütterlich nach. Hermonn schüttelte mit verdrehten Augen den Kopf.
Waldheini lachte!
„Is selden sowos! Um genaa zu soi, häb isch des a noch ned g'säje! Pink wärn nur die Leid, die ...!"
(So etwas ist selten. Um genau zu sein, habe ich nur davon gehört, aber selbst erlebt habe ich es noch nicht. Man erzählt sich, dass pink nur

Leute werden die, …) sinnierte Waldheini und stutzte vor Erkenntnis. Ihm fiel es wie Schuppen von den Augen.
„Jetz schlegd's Dreizeh!" (Jetzt fehlen mir die Worte!) stammelte er mit weit aufgerissenen Augen.
„Alles wos vun Bedeidung is, is quiddegäähl! Unn du bis rosa! Quiddegäähl is die Sunn vunn inne, quiddegäähl is des, wos uns ausmacht. Meu Fieß mid denne isch de Wold vesteh konn sin quiddegäähl, unn jetz säh isch, du bisd gonz quiddegäähl gewäse. Isch häb des äwwer gor ned gemerggd, weil isch disch immer unn jeden Dooch g'säje häb. Ohu mon, dass mer des bassierd! Häb's direggd vor de Schnuud unn mergg goor nix. Erst jetz wo de gonz rosa bist. Des haßd du bist der gonz klor do driwwer, dass du ned ner vunn Bedeidung bist, sondern die Onnern aa! Rosa haaßd mid'm G'fiiel die Herze von de Wäse zu säje! Moin Buu! Alle Achduung!"
(Alles was von Bedeutung ist, ist im Orewold quiddegäähl! Und du bist rosa! Goldengelb ist die Sonne von innen, goldengelb ist das, was uns Odenwälder ausmacht. Meine Tatzen mit denen ich den Wald und seine Umgebung verstehen kann, sind gelb. Und jetzt sehe ich erst, dass du die ganze Zeit golden gelb gewesen bist. Ich habe es einfach nicht gemerkt, obwohl ich dich jeden Tag direkt vor meinen Augen hatte. Erst jetzt, wo du deine Farbe in rosa geändert hast, fällt es mir auf.
Das heißt, du bist dir ganz klar darüber, dass nicht nur du alleine von Bedeutung bist, sondern dass die anderen Wesen auch von Bedeutung sind, du siehst mit dem Gefühl die Herzen von allem. Meine Hochachtung, mein Sohn!) staunte Waldheini nicht schlecht und auch etwas beschämt, dass er all die Jahre den Wald vor lauter Bäumen nicht sah. Oder in anderen Worten gesagt, er sah Hermonn als Kind. Er wollte immer das Beste. Das Beste ist das, was er am Besten kann.
„bliiiick!" hörte man eine krächzende Stimme, die mitten in das Wiedersehen reinplatze.
Manfred taumelte auf die Seite, so erschrak er. Er hatte noch nie zuvor einen Droll gesehen.
„Isch wär verriggd! De olde hutzelisch Speggfuß!"
(Ich glaube es nicht! Der alte hutzelige Speggfuß!) freute sich Waldheini.
„Genaa! Der is es" krächzte Speggfuß Friedl.
„Heilischer Hoseberg, wos hod der große Fieß!" entfuhr es Manfred.

Hermonn lachte über Manfreds Staunen, tätschelte seine Schulter und sagte:
“Die sin mer om Ofong a glei uff g‘falle!“
(Als ich Speggfuß Friedl das erste Mal gesehen habe, sind sie mir auch sofort aufgefallen!)
Waldheini schaute Speggfuß Friedl und Hermonn gespannt an.
„Ehr kennd eisch?“ (Ihr kennt euch?) fragte Waldheini verwundert.
Speggfuß Friedl nickte wissen.
„Des haßt, moin Hermonn wor b‘sonders drollisch?“
(Heißt das, dass mein Hermonn besonders drollig war?) wunderte sich Waldheini.
„Mach wos drou!“ (Kannst de nix machen!) lachte Speggfuß Friedl achselzuckend.
„Deun Kloone hod‘s schneller ve‘stonne, dass es immer e poor Meglischkeide git, die Sache zu betrochde! Fer die One is es de Buu unn bleib‘ds be Buu, fer Onner is es de Hermonn, der Sache konn, die in dem Wold noch koner gekennt hot. Dodefer hod‘er so e Exemplar wie misch gebraucht, dass‘er sisch selwer a uff e onner Weis säje konn unn rausfinne konn, dass er net ner Buu is.“
(Dein Kleiner hat es schneller verstanden als du, dass es immer mehrere Möglichkeiten gibt die Dinge zu betrachten.) kicherte Speggfuß Friedl, der Waldheini schon seit langer Zeit kannte und wusste, dass er so etwas sagen durfte.
„Isch bin meener fer die Sache im Wold se ho. Dudd mer laad Hermonn, isch bin froh, dass du de Speggfuß Friedl getroffe hosd!“
(Ich bin eher für die Sachen im Wald zuständig. Es tut mir leid Hermonn, dass ich dir bisher nicht helfen konnte dich darin zu unterstützen, was du gebraucht hättest. Aber ich bin froh, dass du Speggfuß Friedl getroffen hast!) bekannte Babba Waldheini.
„Monsche mol konn mer ofach ned aus seune Haud. Des waß isch in de Zwischezeid a. Äwwer wos isch a waß is, dass sisch uff omol alles ennern konn, wenn mer waß fer wos mer wos machd! Hosd misch jo renne säje!“
(Ja, manchmal kann man einfach nicht aus seiner Haut. Das weiß ich in der Zwischenzeit auch. Aber ich weiß auch, dass sich auf einmal alles ändern kann, wenn man weiß für was oder wen man es macht!) sagte Hermonn zu Waldheini.

„Buu du bist groß worn!“ erkannte Waldheini an, „äwwer fer wen mer wos macht, is doch mer selwer!“ fuhr Waldheini fort.
„Heilischer Bimm Bomm no! Fer wen! Fer‘s Aschhernsche!“
(Ach herrjeh nein! Für wen! Für das Eichhörnchen!) fiel Hermonn plötzlich ein.
„Des hod mer de Monfred schun ve‘zehld!“
(Manfred hat mir schon davon erzählt!) beruhigte Waldheini Hermonn.
„Hodd‘er a g‘sod, wos fer große Aache dass des gemochd hod, wie‘s dorsch die Luft g‘floche is?“
(Hat er auch erzählt, dass es die Augen ganz weit aufgerissen hat, als es durch die Luft geflogen ist?) versicherte sich Hermonn.
„Hod‘er!“ bestätigte Waldheini.
„Waßd du warim des bassierd is? Unn warim‘s so laud gedunnert hod?“
(Weißt du warum das Eichhörnchen durch die Luft geflogen ist, und warum es so einen lauten Donnerschlag gegeben hat?) hakte Hermonn nach.
Waldheini nickte, „do häwwe Leid im Stobruch noch olde Sprengstoff g‘funne! Des wor so en Haufe grom, dass ses net fort fohrn konnde, weil se ned gewissd häwwe ob‘s ned unnerwägs in die Lufd fligd.“
(Ein paar Leute haben im Steinbuch alten Sprengstoff gefunden. Das war so viel, dass sie es nicht transportieren konnten, weil sie aufgrund des Alters nicht wussten, ob es während des Transportes nicht ausversehen in die Luft fliegt.) erklärte er.
Hermonn wand sich ab und schaute durch die Bäume Richtung Beedenkirchen.
Es wusste keiner so recht, was gerade in Hermonn vorging.
Hermonn atmete tief ein und aus. Er schüttelte den Kopf. Er erinnerte sich an Eldoras Worte. Er erkannte, dass es auch in seinem Leben eine Menge Zufälle gegeben hat, die dazu beigetragen haben zu erkennen wer er ist. Wie oft lag er im Frühjahr kurz nachdem er aufgewacht war auf dem dicken Ast der Eiche bei Klein Bieberau und schaute auf Neunkirchen. Wie viele Jahre ging ihm die Zeit mit Hembelsche durch den Kopf und es zog ihn so überhaupt nicht mehr nach Hause. Der Neunkirchner Wald war einfach nicht daselbe ohne ihn.
Wie oft verging das Jahr, Tag für Tag. Er war müde, matt, mürrisch. Nichts machte ihm Freude. Und so lag er noch vor ein paar Tagen auf

seinem dicken Ast, wie jedes Jahr, als plötzlich das Eichhörnchen vorbei flog. Und es war so, wie die alten Bären immer sagten:
„Es dutt en Schlog und donn is alles onerster!"
(Mit einem Schlag ist alles anders!) was soviel bedeutet, dass sich auf einmal das ganze Leben ändert. Und das tat es, im wahrsten Sinne des Wortes.
Hermonn schüttelte wieder den Kopf, weil sein Verstand es nicht zu fassen bekam.
Hätten die Leute nicht den Sprengstoff gefunden, wäre nicht der Donnerschlag passiert und das Eichhörnchen durch die Luft geflogen. Wenn die Leute nicht gesprengt hätten, hätte Hermonn nicht den Schlüssel gefunden. Dann hätte sich Hermonn wieder ein weiteres Jahr in Klein Bieberau verkrochen. Wenn er in Klein Bieberau geblieben wäre, hätte er die Butzewürmer nicht getroffen und vor allem hätte er Gilbert nicht gefunden. Wenn er sich nicht auf den Weg gemacht hätte, hätte er nicht die Wildschweine getroffen, die mit den Hasen zusammenarbeiteten und so nicht mehr von Jägern geschossen werden. Er hätte Schoo Schönschnabel nicht getroffen, der ihn an seine Kindheit und Lebensfreude erinnert hatte. Er hätte nicht erfahren, dass die Schönschnabel Hühner die Schnecken um Hilfe gebeten hatten, die ganz sicher mehr Grund gehabt hätten zu murren, als sie hörten, sie müssten auf die Neunkirchner Höhe hoch. Hermonn hätte nicht begonnen nachzudenken, er hätte nicht besonders drollig sein können, hätte nicht zur Höhle der Ahnen gefunden, hätte niemals den Mut gehabt, nachts alleine nach Hause zu laufen. Er hätte Eldora nicht getroffen und seine Eltern würden ihn immer noch als de Hermonn sehen, der mit seinem Leben nichts anzufangen weiß.
„Hädde hädde scheiß ins Bedde!" Mach's ned se kombliziert!"
(Hätte hätte scheiß ins Bette! Mach es nicht zu kompliziert!) unterbrach Speggfuß Friedl Hermonns anstrengenden hätte-hätte-Überlegungen.
Hermonn nickte.
„Isch hedd Esse do! Ehr kennt all midesse!"
(Ich hätte Essen da, wenn ihr wollt könnt ihr alle mitessen?!) beteiligte sich Fefi auf ihre Art an der Freude, Hermonn wiederzusehen.

* * *

23. Es gonze Läwe in ne Sunneblumm

Wos soll mer des große Universum vesteh,
wenn mer des Läwe konn in ne Sunneblum seh.
Vum Kärn bis zum Plenzje wexd des unschoinbor,
bis es on Blüte gewinnt wirkts gonz wunderbor.
Des Aussäje interessiert die Dier oig wenisch,
so is se doch wischdisch, fer Insekte en Kenisch.
Die Sunneblumm aus om Kärn gekeumt,
hod beim woxe ko Zeit vesäumt,
Veggel, Biene, Schmedderling unn a Spinne zu logge,
um im Herbst die Kern falle se losse, wie vom Schnee die Flogge.
Aus om Kärn wern dausend, die nexd Johr werrer gedeihe,
zur Sunneblumm die des Läwe nährn unn weihe.
Sie dreht ehr Gsischd mit de Sunn,
wos der all konn, so en Kärn vun ne Sunneblum.

„Hermonn!“ rief Speggfuß Friedl nach dem Essen von draußen in die Höhle zum Esstisch an dem alle noch saßen.
Hermonn löste sich aus der Gesellschaft und ging im leichten Schritt zu Speggfuß Friedl raus.
„Ja?“ lachte Hermonn.
„S wärd Zeid. Isch muss donn lous.“ sagte Speggfuß Friedl.
„Äwwer …“ Hermonn verzog seine Bärenschnute. Enttäuscht schob sich seine Unterlippe nach vorne.

„Nix äwwer. Do häb isch noch wos fer disch." sagte Speggfuß Friedl. Er hatte etwas in seiner geschlossenen Hand, die er Hermonn entgegen streckte. Er drehte seine Faust so, dass er seine Handfläche öffnen konnte ohne dass sein Geschenk herausfiel.
Mit großen gespannten Bärenaugen beobachtete Hermonn, wie Speggfuß Friedl seine Hand öffnete.
Auf seiner knochigfleischigen Drollhand lag ein weiß-schwarz gestreifter Kern.
„En Sunneblummerkärn!" sagte Hermonn. Er streckte seine Pfote aus und Speggfuß Friedl konnte den Sonnenblumenkern Hermonn feierlich übergeben.
Achtsam nahm Hermonn seine zweite Pfote hinzu und blickte den Sonnenblumenkern an. Hermonn sah wie sich um den Kern pink-glitzender Nebel bildete. Der Glitzernebel wurde immer mehr und mehr. Aus dem kleinen Samen bildete sich ein rosaroter-glitzer Sprössling, der in Hermonns Hand immer weiter wuchs. Mit staunenden Augen verfolgte Hermonn den zauberhaften Vorgang, wie er sich zu einem festen Stamm bis zum Boden entwickelte. Ein sagenhafter pink-glitzernder Nebel lies die magische Glitzersonnenblume weit über die Köpfe von Hermonn und Speggfuß Friedl wachsen. Es wurde immer deutlicher eine pinke prachtvolle Sonnenblume aus pink-glitzerndem Nebel, die nur Hermonn und Speggfuß Friedl sehen konnten. Aus dem Nichts kamen pink-glitzernde Schmetterlinge, Bienen, Hummeln und Schwebefliegen angeflogen. Die üppige Blüte lockte Insekten an, die sich an ihrem Blütenstaub munter bedienten.

Es war ein reges Treiben sichtbar, wie sie den süßlich duftenden Blütenhonig einsammelten. Am Stiel der Sonnenblume kletterte eine dicke Gartenkreuzspinne empor, die allem Anschein nach vor hatte, dort ihr Nest zu bauen um die ein oder andere Beute zu machen. Plötzlich verflüchtigten sich die glitzernden Wolken aus Insekten. Die intensiv pink glitzernden Blüten der Sonnenblume fielen aus der Höhe herab und lösten sich unterwegs auf. Die kleinen Blütenkelche rieselten nach dem Verblühen in derselbenweise Richtung Boden. Aber ehe sie den Boden erreichten, lösten auch sie sich in die Weite des Nichts auf. Ein leises Zwitschern wurde immer lauter und es kamen Meisen sowie Distelfink angeflogen. Sie ließen sich an den Samen der Blume nieder und pickten, manche kopfüber unentwegt. Geschickt lösten sie die fetthaltigen Kerne mit ihren Schnäbeln aus der sicheren Behausung aus den inneren Kammern der einst großen Blüte, die sie für den Winter gut nährten. Hie und da fiel ein ganzer Kern in den Boden, der es sich sichtbar in der Erde gemütlich machte um dort zu überwintern. Er hatte die besten Chancen im nächsten Frühjahr wieder zu einer neuen Sonnenblume heranzuwachsen, um so viele Tiere im den Kreislauf der Natur zu nähren. Aber auch die Vögel und rosa-glitzernden Samen lösten sich wieder auf. Der Stamm der Sonnenblume wurde blasser und blasser bis der Nebel sich komplett verzog. Übrig blieb der schwarz-weiß gestreifte Kern in Hermonns Handfläche.
„Net sem glawe!“ (Das ist nicht zum Glauben!) stieß Hermonn hervor. Speggfuß Friedl schloss wissend und bestätigend seine Augen.
„Heilischer Hosebärg!“ stieß Hermonn leise hervor, „Isch häb gonz genaa g'säje, wos in dem Some stäggd! Wos emol aus dem Kärnsche wärd! Und wie se werrer vegeht! Unn iwwerisch gebliwwe is de Some!“ staunte Hermonn, der nicht glauben konnte, was da passiert war.
„Des konnscht ner du! Des is deu Begabung!“ sagte Speggfuß Friedl stolz.
„Des haßd isch muss net wisse wos des fer en Some is, unn isch was glei wos alles drimmerim hengd?!“ fragte Hermonn begeistert.
„Hermonn!“ ermahnte Speggfuß Friedl.
„Wos donn!“ fragte er.
„Du sischd in allem de Kern unn wos inem steggd. Ob Plenzje, ob Dier, ob Bär, Zwerg orre wos a immer fer e Wäse. Nur du sischd den Kern

vun soine Seel und wos er fer Meglischkeid hot, in dem Läwe se wärn." sagte Speggfuß Friedl.
„Ouw!" entfuhr es Hermonn, „des is jo e Ding!"
Hermonn blickte auf den Samen in seinen Pfoten.
„So klo unn uschoinbor die Seel vun auße a aussiescht, Du sischd unn erkennst den Kern! Unn du sischd, wos es braucht, dass e Wäse soi gonz Talend läwe konn!"
(So klein und unscheinbar die Seele von Außen aussehen mag, du erkennst diesen Kern! Du siehst was es braucht, dass ein Wesen sein ganzes Talent im Leben entfalten kann!) sagte Speggfuß Friedl.
Hermonn verzog genervt sein Gesicht.
„Magische Bligg hi orrer her, wos haßd des jetzt fer misch genaa?" wollte Hermonn wissen.
„Es gitt ko Magie uff dere Erd ohne Erde, Wasser, Luft unn Lischd. Die Magie vum Läwe konn nur wos wern, wenn mer Erd häwwe, dass die Worzle woxe kenne, Wasser häwwe dass mer net vetrockne unn woxe kenne und Lischd, die Sunn, noch dere mer gugge dass mer groß wern."
(Die Magie der Seele und deren Aufgabe dem Leben zu dienen entfalten sich nur, wenn sie alle Bedingungen der Erde hat. Erde für gute gesunde Wurzeln, Nährstoffe, die durch das Wasser aufgenommen werden, um zu wachsen und das Licht der Sonne, die alles was lebt groß werden lässt.) erklärte Speggfuß Friedl ruhig.
Hermonn blickte sich stirnruzelnd um.
„Wenn isch so iwwerlegg, häb isch im Wold noch ko Sunneblumm g'säje! Do is se dungel fer die, gell?" stellte er fest.
Speggfuß Friedl grniste zufrieden, da er fühlte, dass Hermonn langsam einen Blick dafür entwickelt auf was es bei seinen Fähigkeiten ankam. „Du hoscht deu eigene magische Fehischkeide, Buu! Äwwer die konnschd du net vun heit uff moje. Es wischdischde disch se vestejh is, es Läwe se vestejh. Zieg e poor Johr hinner nonner Sunneblumme, Hermonn! Du wärst aus dem Blimmsche alles Läwe vesteh lärne. Du wärst Fehler mache, unn es wärd a alsemol in die Hos gejh, wos du machschd. Donn konnschd du aus deuine Erfahrunge lärne, die disch weire birnge als de besde Lehrer!"

(Du hast deine eigenen magischen Fähigkeiten, Junge! Aber diese kannst du nicht von heute auf morgen kennen lernen. Es ist wichtig, dass du lernst auf dich zu hören. Es ist wichtig, dass du dich kennen lernst, dann lernst du auch das Leben kennen. Ich lege dir ans Herz, sähe und hege und pflege ein paar Jahre Sonnenblumen. Du wirst bestimmt Fehler machen und es wird ab und zu schief gehen. Du wirst aus der Sonnenblume das Leben kennen und verstehen lernen. Es ist wichtig, dass du aus deinen Erfahrungen lernst und nicht jedem alles glaubst, was du erzählt bekommst!) schloss Speggfuß Friedl seine Belehrungen ab.

Hermonn grinste, „Isch glab, isch häb's vestonne! Isch glab longsom, dass isch waß, wie isch den Gilbert werrer uff die Spur bring!"
(Ich glaube, ich verstehe was du meinst! Ich denke ich weiß wie ich Gilbert helfen kann, dass er wieder er selbst wird.) lachte Hermonn von ganzem Herzen.

Speggfuß Friedl trat, unbemerkt von Hermonn, einen Schritt zurück und genoss das Bild eines glücklichen Bären. Ein wenig wehmütig schaute er Hermonn an und sagte:
"Isch bin stolz uff disch, moin Buu!" Hermonn wurde ernst. Er bekam feuchte Augen, weil ihn Speggfuß Friedl's Worte tief berühren. Sie waren wahr und von ganzem Herzen wohlwollend. „Donge!" sagte Hermonn tonlos mit einem Klos im Hals. Speggfuß Friedl holte ergriffen tief Luft, weil die Zeit des Abschieds gekommen war. Er hob etwas seine knochige Drollhand und winkte traurig. Ohne zu zögern rief er laut „Aaaache …" und war sofort verschwunden, so dass …blick nicht mehr zu hören war.

Auf Hermonns Schulter legte sich eine ihm vertraute weiche warme Pfote. „Babba!" rief Hermonn freudig.
Waldheini strahlte über sein ganzes Bärengesicht. Auch Fefi kam mit Manfred aus der Höhle.

„Ehr Leid, mer misse zum Gilbert nunner und aus dem Meister Inderruuh, unser Uruh werrer rauskitzele?"

(Leute! Wir müssen zu Gilbert runter und aus dem Meister Inderruuh unsern Waldwurm Uruh herauskitzeln) grinste Hermonn.

„Wos willst'sn mid dem Kerl mache, Hermonn? Willst'em wos uff's Hern hache, dass'er werrer zu sich kimmd?"
(Was willst du mit dem Kerl machen, Hermonn? Willst du ihm etwa was auf die zwölf geben, dass er wieder zu sich kommt?) fragte Manfred etwas ideenlos.

„No!" grinste Hermonn noch breiter. „Wort's ob! Isch konn ner so veel soche, dass isch des emol mid moine Fähischkeide prowiern will, wie isch's gelernd häb. Unn isch glab, de Gilbert is en gude Ofong."
(Nein, wart nur ab! Ich kann dir nur so viel sagen, dass ich es mit meinen Fähigkeiten versuchen möchte. So wie ich es gelernt habe, und ich glaube, der Gilbert ist genau der Richtige dafür!)

„Heilischer Lärrerzibbel! Er hot's tatsäschlisch kabiert! HURRAAA!"
(Heiliger Lederzipfel! Er hat es tatsächlich verstanden, HURRAAA!) quägste es aus einem alten Wurzelstock.

„Speggfuß Friedl!" schüttelte Hermonn seinen Kopf, der seine Stimme auf Anhieb erkannte.
„Isch häb gedengd des wor's jetz, noch der dramadische tschüss-socherei!"
(Ich dachte das war es jetzt, nach der dramatischen tschüss-sagerei) sagte Hermonn.

„Ja, schun, des is normal a so. Äwwer isch bin doch a so nejgerisch! Isch konn unner kone Umstend jetz moin digge Kopp zomme nemme!"
(Ja, das ist normalerweise auch so. Aber ich bin doch so neugierig! Ich kann mich jetzt unter keinen Umständen auf meine Arbeit im Drollreich konzentrieren) lachte Speggfuß Friedl.

„Net!?" verzog Hermonn seine Schnute künstlich, und lächelte dabei, weil es ihm gut tat, dass auch Speggfuß Friedl undisziplinierte Züge an sich hatte.

„Wos glab'schd ,n du? Isch bin de greßde Schluri. Waschd du wos misch des fer e Krafd konschd hod, misch dermaßen zomme se nemme unn de weise Droll se mieme? Jetz wo des kabierd hoschd, gäjhd de Spass lous!"
(Was glaubst du? Ich bin der größte Chaot weit und breit! Weißt du, was mich das eine Anstrengung gekostet hat, mich für deinen Unterricht dermaßen zusammenzureißen und den weisen, allwissenden Droll zu spielen? Jetzt, wo du es verstanden hast um was es geht, geht für mich der Spaß los!) juchzte Speggfuß Friedl vor Erleichterung.
Hermonn schüttelte nur den Kopf. „Donn mach disch nitzlisch und glimber uns emol nunner sem Gilbert!"
(Dann mach' dich jetzt nützlich und blinzle uns mal runter zum Gilbert!) gab Hermonn an.

„All uff emol? Orrer oner noch em onnern?"
(Etwa alle auf einmal? Oder einen nach dem andern?) fragte Speggfuß Friedl erschrocken.

„Reiß disch e lezdes Mol zomme! All minoner nadierlisch! S will doch koner wos vebasse?!"
(Reiß' dich ein letztes Mal zusammen! Alle auf einmal natürlich! Es will doch keiner was verpassen?!) forderte ihn Hermonn jetzt heraus.

Speggfuß Friedl verlor etwas an seiner erdfarbenen Gesichtsfarbe. Er wurde blass.
„All minonner."
(Alle auf einmal.) stellte er noch einmal fest, wollte sich aber nicht die Blöße geben, es nicht zu schaffen.
„Alla donn, emol allminonner on die Henn genumme, Aache zu unn Aaaachebligg!"
(Also dann, nehmt euch bitte alle miteinander an die Hände, Augen zu und Aaachebligg!)
Peng. Sie waren alle tatsächlich verschwunden.

* * *

24. Hermonn vesucht sich o n Meister Inderruuh

Hot mer den Mut uff sisch se hosche,
konn kumme wer will ogekroche.
Wenn's es braucht hot mer fer jedes Problem,
e Lesung, die mer selwer noch net gewisst hot
uff omol bequem.
Trau der wos zu, a wenn de noch net waßt wie
unn loss disch net zwinge vum Läwe in die Knie.
Bleib immer flexiebel unn mit Zuversischd,
dass de jedem helfe konnst ob Zwerg, Worm orrer a Wischd.

Die Abenddämmerung kündigte sich mit zunehmendem Zwielicht an. Mitten auf der Wiese am Johannisberg saß Meister Inderruuh. Kurdii hatte ihn am frühen Mittag bereits selbst gefunden. Er wartete bis das Eichhörnchen wieder aufgewacht und wohlauf war. Gilbert alias Meister Inderruuh zu finden, ging wie von alleine. Kurdii hörte die Auwäj-Laute der Butzewärm und von Meister Inderruuh bis auf die Klein-Bieberauer Waldwiesen. Doch auch er konnte Meister Inderruuh, trotz aller Freundschaft, in seiner inneren Ruhe nicht erreichen.

Vor Gilbert, Verzeihung, Meister Inderruuh lag in der Wiese ein Handkäse, auf einem Blatt verlaufenes Kochkäsebrot mit Zwiebeln und ein Becher mit Ebbelwoi. Kurddii flog den ganzen Tag über immer wieder in den Bembel Tembel, um die quiddegelben odenwälder Leckereien zu holen, die Meister Inderruuh, bzw Gilbert, so sehr liebte. Für die er normalerweise alles stehen und liegen ließ. Kurddii hoffte ihn über seine Geschmacksnerven an Gilbert, dem belesenen Waldwurm, zu erinnern. Unermüdlich bot er Gilbert Inderruuh immer wieder einen

Bissen frisches Bauernbrot aus Sauerteig an, mit Kochkees unn Zwewwl, mal einen Schluck ganz frischen Ebbelwoi oder er fuchtelte mit einem Stück Handkees vor Gilberts Gesicht herum. Es war einfach nichts zu machen. Nach einem langen Vortrag über das Fasten als Yogaworm von Meister Inderruuh, verließen Kurddii nach und nach seine Kräfte. Müde saß Kurddii neben dem in sich gekehrten Meister Inderruuh und flehte leise:

„On Schlugg!“

„Unmöglich!“ antwortete Meister Inderruuh beherrscht.

„E Schliggsche!“ bohrte Kurddii kraftlos weiter.

„Das geht gar nicht!“ sagte Meister Inderruh kühl.

„När mol nibbe!“ fragte Kurddii mit traurig flehendem Blick. Trauriger konnte man gar nicht mehr schauen.

„Nichts zu machen!“ beendete Meister Inderruuh Kurddiis flehen, wenigsten einen Schluck Ebbelwoi, ner mol se fe suche. Er war überzeugt, wenn Gilbert den Geschmack des gude orewäller Steffe im Mund spürte, dann würde er wieder zu sich kommen und sich daran erinnern, dass er Gilbert der belesene Waldwurm war.

„Warim donn net?“fragte Kurddii. „Mer hoddes doch immer zomme do owwe im Bembel Tembel gehoggd, gelacht und Steffsche gedrunge.“ flehte Kurddii Meister Inderruuh an.

„Ösch bön Möster Inderruuh! Frei vön öllön Söchten! Öch bön ein völlig klöres Wösen!“

(Ich bin Meister Inderruuh! Frei von allen Süchten! Ich bin ein völlig klares Wesen!) tönte Meister Inderruuh völlig von sich und seinem Tun überzeugt.

„Alder hoddes der en Dubbe!“ schüttelte Kurddiii beleidigt seinen Kopf. Ein lauter Knall war zu hören. Kein Donnerhall wie vor kurzem, der Eichhörnchen durch die Luft fliegen ließ. Aber ein lauter Knall war es, der alle zusammenzucken ließ. Der in sich versunkene Meister in der Ruh machte einen Satz. So sehr war der arme Kerl zusammengefahren, dass er laut aufschrie und seinen Schock in bekannter Weise veratmen musste.

„Greee-ääh, greee-ääh, greee-ääh! Jässes no, wos hod misch des vetschreggd! Greee-ääh, greee-ääh, greee-ääh!“ schnaubte Meister Inderruuh unter seinem verschrobenen Turban hervor.

„Mau-Mau Gilbert!“ schrie Kurddii auf! „Äjendwo du unner dem Servierteturbon is moin Freund Gilbert! Du bisd werrer do! Der Schregg hoddes disch gehaald! Wos wor des eigendlisch?“ fragte sich Kurddii und schaute sich um.
Speggfuß Friedl brauste mit einer solchen Schallwelle an, dass sein Auftauchen einen mächtigen Bumm machte. Die odenwälder Butze-Würmer erschraken, fingen sich aber gleich wieder als sie Waldheini sahen.

„Hoiniiii! Hoiniiii! Hoiniiii! Hoiniiii!“ riefen die odenwälder Butze-Würmer im Chor von den Felsen im kleinen Wäldchen.
„Hey ehr butzische Wärm! Des is jo mol en Empfong!“
(Heh! Ihr butzische Würmer! Das ist ja ein Empfang!) freute sich Waldheini und wackelte ihnen mit Fefi an der Hand voller Freude entgegen. Fefi lachte, sie kannten sich alle schon seit Jahren. Wie oft saßen Waldheini und die butzische Wärm nächtelang in ihrer Höhle und erzählten alles Mögliche und Unmögliche. Sie brachten Neuigkeiten und diskutierten das Hätte-Wäre-Wenn und die damit verbundenen Möglichkeiten. Wenn die Kerle eines nicht wussten dann war es das, dass sie nicht wussten wann es Zeit war zu gehen.
Waldheini machte es sich an diesen Abenden immer auf seiner großen Eckbank bequem und schlief in odenwälder Bärenmanier einfach ein.
„Wos git‘s donn Nejes!“
(Dann erzählt mal Jungs! Was gibt es Neues?) wollte Waldheini wissen. Alle begannen durcheinander zu sprechen. Bis Johann das Wort ergriff und die Jungs anleitete in der ihnen bekannten festgelegten Butzeworm-Reihenfolge zu erzählen. Alle schauten sich an, und quasselten wieder auf einen Schlag los. Aber irgendwie verstanden sie sich alle.

Manfred, Hermonn und Speggfuß Friedl gingen zu Kurddii und Meister Inderruuh. Kurddiii hüpfte und flatterte auf und nieder.
„Mau-Mau! Do iss‘er werrer! De Gilbert! Der laude Schlog hoddes so veschreggd, dass er werrer waß wer‘rer is!“
(Er ist wieder da! Gilbert ist wieder da! Der laute Knall hat ihn so erschreckt, das er wieder weiß wer er ist!) teilte Kurddiii den dreien freudig mit.

„Greee-ääh, Ou-greee-ääh-wej, greee-auw-wähh-wej-Auuuuuwej!“ fing sich aber Meister Inderruuh, und begann in indischer weise wieder zu tönen.
„Veflixt unn zugeneht, des därf doch net wohr soi?! Hoddes net gedu?“ (Verflixt und zugenäht, das darf doch nicht wahr sein?!) stieß Kurddii verzweifelt aus.
Manfred schaute Hermonn hilfesuchend an:
„Du host doch e Idee kad wie de de Gilbert werrer rauskitzele wollsd, Hermonn! Waßd de noch?“
(Du hattest doch eine Idee, wie du Gilbert wieder aus dem Inderruuh kitzeln wolltest, Hermonn! Weißt du noch?) freute sich Manfred.

„Mh-hm!“ verzog Hermonn seufzend sein Gesicht.
Manfred runzelte die Stirn. „Hä?“ stieß Manfred mit aufgerissenen Augen hervor,

„Wos hast'n do – Mh-hm? Du hosd doch g'sod du host jetz so morts Fähischkeide, wos wos ner du konnsd, womid de de Gilbert werrer serigg holle konnst?!“
(Was heißt hier – Mh-hm? Du hast doch gesagt du hast jetzt so große Fähigkeiten, etwas was nur du kannst und womit du den Gilbert zurückholst?) flehte Manfred.

„Häb isch a gemond! Äwwer des gonze orewäller Esse und Tringe wos quiddegääl und vun Bedeidung is steht schun do. Isch häb gedengd, dem gid mer wos do devu, unn er waß mid om Schlog werrer, wer'rer is?“ seufzte Hermonn und schaute etwas verloren zu Speggfuß Friedl. Dieser stand mit den Händen in die Hüfte gestützt und mit dem dicken Speggfuß auf den Boden tippend da und schaute Hermonn energisch und fordernd an. Wortlos.

„Wos?“ fragte Hermonn.
Speggfuß Friedl Blick wurde schärfer.

In Gedanken schaute Hermonn suchend ins Leere. Seine Augen bewegten sich hin und her und er überlegte, was er übersah. Er ging alles was er gelernt hatte noch einmal durch. Bis er an den Satz von Speggfuß Friedl kam: Äwe iwwerleggst de werrer se fell. Loss es ofach bassiern. Richtig, er hatte sich überlegt, was Gilbert helfen könnte. Aber er hat es nicht aus seinem Herz heraus passieren lassen. Er musste seinem Herz folgen und das erkennen was Gilbert half und im Herz erreicht. Ihm fiel der Zauber des Sonnenblumenkerns ein. Hermonn trat vor Herr Inderruu. Hermonn berührte Gilbert Inderruuh ganz vorsichtig an einer seiner Körperkugeln, die bei anderen in Höhe der Schulter ist. Hermonn dachte daran, dass er es passieren lassen sollte. Er schloss die Augen. Hermonn erinnerte sich an Gilbert, wie er immer ächtze und grächzte wenn er außer Atem war. Er hörte sein mitreißendes Lachen, seine tzsch-Laut, wenn er sich dabei auf dem Boden kugelte. Hermonn fielen Sachen ein, die Gilbert ihm mal als kleiner Junge erklärt hatte. Und Hermonn merkte, wie lieb er Gilbert gewonnen hatte.

Lächelnd und wissend nickte Hermonn mit geschlossenen Augen, es wurde angenehm wohlig warm um ihn und der ihm bekannte pinke Glitzernnebel stieg auf.

Wie die Sonnenblume sich in glizerndem pink formte, so sah er Gilbert in einer geräumigen Höhle hin und her zucken. Gilbert redete und er hatte dabei eine Brille auf. Kurddii saß an einer Schreibmaschine und tippte mit seinen gelben Vogelzehen, was das Zeug hielt. Hermonn sah auf einem Beistelltisch eine glitzernd-pinke Zeitung liegen auf der stand: „Bekannter Modautaler Wald- und Wiesen Autor Gilbert, der belesene Waldwurm berichtet von seinen Abenteuern als wandelndes Lexikon.“

Hermonn sah Gilberts Berufung in seinem Herz. Er könnte ein anderes Leben haben. Statt ewig als Schlaumeierwurm abgestempelt zu sein. Würde er es schaffen als Autor erfolgreich zu werden weil er so Wesen erreichte, die sich dafür interessieren was er zu sagen hatte.

Gilbert‘s unbändiges Wissen konnte man in Büchern dosiert nachlesen, anstatt damit ungebeten erschlagen zu werden.

Was kam also in seinem Leben immer dazwischen, dass er noch nichts von der Idee wusste ein Buch zu schreiben. Hermonn fragte sich, was in seinen Büchern stand. Die Antwort kam prompt:

Da flog ein Buch in pink-glitzerndem Nebel auf Hermonn zu und schlug sich direkt vor ihm auf, es blätterte sich zu der Seite, die er lesen sollte. In dem Buch der Antworten stand geschrieben, was Gilbert bisher gehindert hatte seinen Weg zu finden um erfolgreich zu sein. Schmunzelnd las Hermonn einige Sätze, „Gilbert hält sich mit unnötigen Dingen auf" stand da. Und bei einem Satz musste Hermonn so herzhaft Lachen, dass er damit ungewollt seinen Vision beendete. Der Satz in dem Buch endete mit Hicks-Hiiiiicks-Hiccccks-higg blink-blink-blink. Hermonn lachte so laut und ihm entfuhr:
"Sowas bringt a nur unsern Gilbert aus der Ruh! En onnern ded des gor net so se schaffe mache!"
(So etwas bringt auch nur unsern Gilbert aus der Ruhe! Einem anderen würde das gar nicht so zu schaffen machen.)
Als Hermonn sich beim Lachen seinen dicken Bärenbauch hielt, öffnete er die Augen. Er wurde mit ungläubigen Blicken von Manfred, Speggfuß Friedl angeschaut.
„Isch erklär's eisch speeder! Speggi, mer misse noch emol fort!"
(Ich werde es euch später erklären! Speggi, wir müssen leider noch einmal weg!) grinste Hermonn Speggfuß Friedl an.
„Speggi?" fragte Friedl entgeistert. „Des hod a noch koner zu mer g'sod!"
(Speggi? Das hat sich auch noch keiner getraut zu mir zu sagen!)

„Nix fer Ugud."
(Nichts für Ungut.) sagte Hermonn und flüsterte Speggfuß Friedl etwas ins Ohr.

Speggfuß Friedl fing an zu lachen und rief:
„Subber Buu! Subber Idee! Do helf isch der de bei, des därf isch ned ve'basse!"
(Super mein Junge! Sehr gute Idee! Ich helfe dir sehr gerne dabei! Das darf ich auf keinen Fall verpassen!) und damit war das Thema „Speggi" erledigt.

„Mer sin glei werrer do!" schmunzelte Hermonn, „in nem …"
(Wir sind gleich wieder zurück! In einem …)
„Aaaachebligg!" lachte Speggfuß Friedl und plobb waren sie weg.

Irritiert schauten sich Manfred und Kurddii an. Beide zuckten mit den Schultern und Meister Inderruuh hatte die Augen immer noch geschlossen und von allem nichts mitbekommen.
Er brummte leise vor sich au-wäj vor sich hin.
„...ärdisch" hörte man Speggfuß Friedl die Hälfte von Fäärdisch rufen. Sie waren schnell zurück.

„Wos häd'der donn so schnell gemochd?"
(Was habt ihr denn so schnell gemacht?) fragte Manfred.

„Mau-Mau, genau?!" wollte Kurddii jetzt auch ganz neugierig wissen.
„Hicks-Hiiiiicks-Hiccccks-higg" hörte man von Hermonns Schulter und sah es ruckartig aufblinken mit jedem Hicks und wieder, „Hicks-Hiiiiicks-Hiccccks-higg!" wieder blickte es wild von Hermonns Schulter.

Meister Inderruuh öffnete unwillkürlich seine Augen, weil das Geräusch ganz furchtbar an seinen Nerven zerrte. Er kniff die Augen zu Schlitzen zusammen, weil es ihn durch den ganzen Kopf zog wenn er Hicks-Hiiiiicks-Hiccccks-higg hörte. Durch seine Sehschlitze sah er dazu noch das ruckartige Aufblinken. Weit ab von jedem Rhythmus.
„Gugg emol noch em Gilbert!" ermunterte Hermonn das Glühwürmchen auf seiner Schulter.
Gilbert verzog das Gesicht. Sein leises brummen wurde zu einem Knurren.
Wieder hörte man ein leises fiebsiges und nervendes „Hicks-Hiiiiicks-Hiccccks-higg! Gude Gilbert!" rief Luisa Leuchtkäfer
„No, nooooo, NOOOOO!" riss Meister Inderruuh seine Augen auf!
„Liewetchzeit NOOOOO! Mach detsch weg! Detsch helt mer jo net autsch!"
(Lieber Himmel NEIN! Bitte entferne das! Wer auch immer! Das hält man ja nicht aus!) schrie Meister Inderruhgewesen schrill.
„Isch wär veriggd! S dutt!"
(Ich kann es nicht fassen! Es funktioniert!) hüpfte Hermonn vor Freude von einer Tatze auf die andere. „Es hod g'stimmd wos in dem Buch vun denne Ontworde g'stonne hod!"

(Es stimmte, was in dem Buch der Antworten stand!) freute sich Hermonn weiter. Etwas verwirrt schauten Manfred und Kurddii Hermonn kurz an, sie freuten sich aber mehr, dass Gilbert in seiner alten Manier zum Vorschein kam, deshalb ging keiner auf das offensichtlich wirre Gerede von Hermonn ein.

Meister Inderruuhgewesen schrilles Geschrei erregte nun auch die Aufmerksamkeit der anderen.
Staunend kamen Fefi, Waldheini und die Butzewärm langsam zu ihnen.

„Hicks-Hiiiiicks-Hiccccks-higg, hicks-Hiiiiicks-Hiccccks-higg!“ erhallte es erneut und blinkte zuckend auf blink-blink-blink, blink-blink-blink.
„Lecktschs-om-Bembel-in-die Kapp-gtschisse-om-Orsch!“ (unübersetzbar) schrie ein völlig außer sich geratener Meister Indderruuhgewesener Waldwurm Gilbert auf.
„Her uff tsche goorgtsche Gliiworm!“ (Bitte liebes Glühwürmchen höre doch mit dem Hicksen auf!) wurde Gilbert Inderruuhgewesen panisch.

Hermonn hatte gehofft, dass es half aber er hatte nicht damit gerechnet, dass es so schnell half. Deshalb hüpfte er vor Freude wie ein Kind von einem Bein auf das andere. Er blieb vor Begeisterung plötzlich stehen, weil er den anderen erzählen wollte, dass seine Idee geklappt hat. Dabei konnte sich das arme Glühwürmchen Luisa Leuchtkäferchen durch das plötzliche Stehenbleiben nicht mehr halten und fiel Kopf über in den Becher mit Ebbelwoi.
Manfred fand das alles so unglaublich und skurril, dass er die ganze Zeit über die Nerven behielt und Luisa zurief:
“Beim Schluggauf muss mer Schluggweis wos dringe! Deshalb haßd der jo Schlugg-AUF! Wie de Nome schun seg. Alla auf: zwa-drei Schlugg Ebbelwoi dringe unn s wärd werrer!“
(Bei einem Schluckauf muss man Schluckweise etwas trinken!
Deshalb heißt er ja Schluck-auf! Wie der Name schon sagt. Alla auf: Zwaa-drei Schluck Apfelwein getrunken und es geht weg!) Manfred kniete sich an den Becher und fischte Luisa Leuchtkäfer mit einem Breitwegerichblatt heraus. Sie hustete ein paar Mal nach und seufze: “Isssssssssch glaaaab sssssss wäääääg!“ lallte sie.

„Isch glab a. Und isch glab a, dass du moje Yoga mach musst um deu Koppwej se vetreiwe! Isch bin mer sischer, dass sich do jemond finne dutt, der mit der Yoga macht. S sin jo nur Spezialisde do om Wärk!"
(Ja, das glaube ich auch! Und ich glaube auch, dass du morgen viel Yoga machen musst um dein körperliches Leid, dein Kopfweh zu vertreiben. Ich bin mir sicher, hier findet sich jemand, der dir dabei hilft! Es sind ja nur Spezialisten hier am Werk!) lachte Manfred.
„Unn itszch glab itszch tzscheh im Wold! Greee-ääh!" begann Gilbert außer sich hysterisch zu werden.
„Mau-Mau, geh mol her, Mau-Mau!" ging Kurddii auf ihn zu. „Bin isch froh, dass du werrer do bisd! Gu'mol! Alles fer disch: Hondkees, Ebbelwoi, Kochkees unn Sauerdeigbauernbrood! Eß disch e mol sood, so dinne Wärmschen, die de gonze Dooch nix se esse krije brauche mol wos g'scheides, wos quiddegääl leischde dutt unn vun Bedeidung ist! Do leischd mer von inne und wärd werrer froh!"
(Mau-Mau komm mal her zu mir, Mau-Mau! Schau mal! Alles nur für dich, Handkäse, Apfelwein, Kochkäse und Bauernbrot! Esse einfach so viel du kannst, so dünne Würmchen, wie du, die den ganzen Tag fasten und nichts gescheites zu Essen bekommen werden zickig. Genieße was quittengelb leuchtet und von Bedeutung ist! Das füllt dich mit Sonnenschein! Dann leuchtet man von innen und wird wieder froh!) sagte Kurddii mit beruhigender Stimme.

Verzückt schaute Gilbert Kurddii an. „Gree-äääh! Du bitschd en ätschde Freud! Ischtzchh detschs alletsch fer mitsch?" (Du bist ein echter Freund! Alles für mich?) fragte Gilbert

„Du a! Moin besde Freund Gilbert, de Meister de Uruh!"
(Du bist auch mein bester Freund Gilbert, der Meister der Unruhe!) lachte Kurddiii.

„Her mer uff! Wos itsch gedtromd häb! Do kennt mer e Buch driwwer tschreiwe!"
(Hör' mir bloß auf! Was ich geträumt habe! Da könnte ich ein Buch drüber schreiben!) gab Gilbert an.

„Waßd de wos! Donn mach des doch!“
(Weißt du was! Dann mach das doch!) klinkte sich Hermonn in das Gespräch ein.
Speggfuß Friedl grinste zufrieden.
„Warim eigendlitsch net?“
(Warum eigentlich nicht?) überlegte Gilbert freudestrahlend.
Alle nickten bejahend. Gilberts freudige Gesichtszüge ließen mit einem Schlag nach.
„Itsch häb jo tschunn aletschemol dro gedengd. Äwwer itsch häb ko Henn tschem tippe unn tschem tschreiwe?“
(Hin und wieder habe ich tatsächlich daran gedacht ein Buch zu schreiben! Aber ich habe keine Hände und kann weder tippen noch etwas Aufschreiben?!) sagte Gilbert traurig.
„Mau-Mau! Äwwer isch! Isch schreib Mau! Du machsd des, wos de om besde konnst, o gäwwe wie‘s wärd unn isch schreib fer disch alles uff. Isch konn segor Schreibmaschin tibbä. Häb isch vum Adler gelärnd!“
(Aber ich! Ich schreibe. Du machst das, was du am Besten kannst! Angeben wie es wird und ich schreibe für dich alles genau auf! Ich kann sogar Schreibmaschine tippen. Das habe ich vom Adler gelernt!) sagte Kruddii ganz stolz.
„Ätschd? Des dedtschd de fer midsch mache?“
(Wirklich wahr? Das würdest du für mich tun?) schaute Gilbert seinen Kurddii verträumt an.
„A klor!“ sagte Kurddii knapp, weil er etwas verlegen war.

Manfred, der immer für einen Spaß zu haben war, hob den Servietenturban von dem ehemals Meister Inderruuh auf und setzte ihn Johonn mit den Worten auf:
“Wenn oner die orewäller Urlaude om beste unn vun goooonz unne in de Orewolld blägse konn, so se soche, de Ton ogäwwe konn, donn Du Johonn!“
(Wenn Einer die odenwälder Urlaute am Besten von ganz unten in den Orewold plärren kann, sozusagen den Ton angeben kann, dann bist das nur du Johonn!)

„Alla! Wo des kloo Mäisje räschd hod, hod er räschd!"
(Also genau! Wo das kleine Mäuschen Recht hat, hat er recht! Du bist wie geboren für den Job!) fügte Waldheini hinzu.
„Genaa! Genaa so säh isch des aaa!"
(Genau! Genau so sehe ich das auch!) bestätigte Johonn selbstbewusst.

Seit jener Nacht hatten die Butzewärm aus ihrer Not eine Tugend gemacht. Sie waren zu faul, auf die Neunkirchner Höhe zurück zu zucken. Stattdessen wollten sie aber dem Zeitgeist entsprechen und sich wie richtige „MediTiere" benehmen. Sie bewegten sich nur noch mystisch durchs Dickicht und durchlebten zur aktuellen Stunde, die Entwicklung der Selbstfindung.
Johannes, der Geschäftsbutzeworm, gab zukünftig, wie abgemacht, den Ton an. Und Hubert, Karl und Willfried stimmten mit ein: "Auuuuuuu-Wääääääj Auuuuuuu-Wääääääj! Auuuuuuu-Wääääääj!" plötzlich verstummte Johannes. „Isch häb eisch glei g'sod, mer misse do niwwer, on die Aasch gäj, do schall's iwwer's gonze Dälsche!"
(Ich habe euch gleich gesagt, wir sollten rüber zu den Eichen gehen, so dass es über das ganze Tal klingen kann!) protestierte er.
„Wos hod'der donn jetz?"
(Was hat er für ein Problem?) fragte Willfried irritiert.
„Die Ackusdig is nix!"
(Die Akustik ist sehr schlecht hier!) erklärte Hubert.
Willfried schnuffelte in der Luft herum und sagte zustimmend:
„Jetz riesch' isch's aaa!"
(Jetzt habe ich es auch gerochen!) wollte Willfried Johannes bestätigen.
„ACKUSDIG! De Schall! Du Honnebombel!"
(Mit Akustik ist der Raumklang gemeint, mein Freund!) erklärte Johannes geduldig.
„Warim misse mer donn iwwers gonze Dälsche kreische?"
(Aus welchem Grund sollten wir im ganzen Modautal zu hören sein?) wollte Hubert wissen.
„Wärbung!"
(Aus werbetechnischen Gründen!) erklärte Johannes knapp.
„Warim solle donn Leit kumme, wenn mer do so derimmjommern?"

(Aus welchem Grund sollen denn Leute zu uns kommen, wenn wir hier so jammern?) überlegte Willfried.
„Weil mer's so gnadenlos drufhäwwe, mid unserne orewäller Urlaude, des Leid aus dem Käbber zu vetreiwe!!"
(Weil wir Joga-fachlich so gut sind, unsere odenwälder Urlaute auf mystische Weise einzusetzen um Körper und Geist zu heilen!) erklärte Johannes stolz.

So kann man heute noch hin und wieder, besonders nach den ausgelassenen Festen, vom Johannisberg in Brandau, die Urlaute des orewäller Yogas hören … Auuuuuuu-Wäääääääj!

* * *

25. S Familie-Gebädsbischelsche

Wie de Speggfuß Friedel segt: mach wos drou,
horsch der iwwer zwa Seide ou.
Unner jedem Dach git's „Ach",
des is ofach sou.
Wenn de neme waßt wie de weirer mache sollst,
donn gug in des olde Buch aus Holz,
velleischd fell der selwer wos eu,
wiedes de der selwer konnst bleiwe dreu.
Wenn nix meh geht, hilft wünsche immer,
du wärst säje, a fer disch git's en quiddegääle Schimmer,
der der leischd in Zeide die net gonz so hell scheune,
dass es weirer geht, unn du uff hern konnst se greune.
A e Trän is e Drebbsche aus Wasser, die irgenwann,
zu so ne Quell zurück kehrn konn.
Vegess nie, du bist do bei uns gewolld,
unn jeder is seines eigenen Gliggs Schmied donn is es ihm hold,
denn e bissje Mut geherd ofach dezu
probiers aus, donn gäwwe die Soje a ruh.

Speggfuß Friedl blinzelte im Verlauf des Abends die Waldbärenfamilie mit Manfred zurück in die Höhle des Neunkirchner Waldes. Es war ein schöner ausgelassener Abend, der einen schönen Ausklang hatte. Speggfuß Friedl ging mit Waldheini Bodenproben nehmen. Das ist die liebevolle Umschreibung dafür, zu proben ob man es schafft den Boden eines Bembels zu sehen nachdem man ihn leer getrunken hatte.

Kurz, Speggfuß Friedl wurde von Waldheini in den Bembel Tembel eingeladen um sich zu bedanken, dass er Hermonn in einem solchen Umfang geholfen hatte.

Hermonn saß nach dem Frühstück seit langer Zeit mal wieder, völlig entspannt mit seiner Mutter am schweren Esstisch.
„Wie friejer.“ (Wie früher.) sagte Hermonn leise.
„Ja, moin Buu, wie friejer.“ bestätigte Fefi und ihr Blick fiel auf das Familienbild, als es klone Hembelsche noch lebte.
Ein Geistesblitz schoss Hermonn durch den Kopf. Wenn seine Familie alles hütete, wenn alles von Bedeutung gelb war, was hütete Fefi seine Mutter, die am ganzen Körper braun war?

„In unserne Familie dutt jeder wos hüde. Unn wos quiddegääl is, do dro erkennt mer mid wos er hüde dutt. Mama, wos hiids‘d du?“
(In unserer Familie hütet jeder etwas. Und man erkennt es daran, dass die Dinge die sie hüten, gelb sind an dem eigenen Körper. Was hütest du Mama?) fragte Hermonn verunsichert von Fefis Blick.
„Ou!“ Fefi war sichtlich überrascht.
Hermonn legte seine Pfote auf die Pfote seiner Mutter. Er schloss kurz die Augen und öffnete sie nach einigen Sekunden wieder.
„Es git Bärn, die leischde inwennisch quiddegääl, gell! Denne sieht mers net o!“ flüsterte Hermonn.
Fefi nickte voller Stolz und Respekt über die Reife ihres Sohnes und seiner Erkenntnisse.
„Mama?“ fragte Hermonn. „Därf isch disch um unser Familiebuch bidde!“ fragte Hermonn ehrfürchtig.
Fefi schluckte ergriffen. Konnte das wirklich sein? Es bat nur einer um das Familienbuch, der um das Geheimnis wusste! Woher? Wie kam das? Wer um das Buch bat, der musste es ausgehändigt bekommen. So war der Brauch. Fefi verschwand im Inneren der Höhle und kehrte mit einem dicken, in Bucheholz eingebundenen Buch zurück. Ein Verschluss aus Eisen stellt sicher, dass es nur von jemand geöffnet und gelesen werden konnte, der berechtigt dazu war.
Fefi legte das Buch andächtig vor Hermonn auf den schweren Esstisch.

Andächtig platzierte Hermonn seine Pfoten rechts und links vom Buch. Wer hätte das gedacht. Es begann sachte zu leuchten. Der pinke Schlüssel an Hermonns Brust hob sich.
Hermonn zog das Lederband über den Kopf und steckte sicher den Schmiedeeisernen Schlüssel in die Öffnung des Verschlusses. Das Buch öffnete sich von selbst und blätterte auf die von ihm gewünschte Seite. Das Familiengebet erschien. Fefi hielt einen wunderschönen Stift in der Hand.
„Der is nur fer des Buch moin Buu!“ sagte sie ehrfürchtig.
Hermonn nahm den Stift wortlos, weil er sich sehr konzentrierte. Er wollte den fehlenden Vers aus der Höhle hinzufügen. Er hatte Schwierigkeiten sich zu erinnern.
„Äwe bisd de werrer se veel im Kopp. Bassiern losse.“
(Du denkst wieder zu viel! Einfach passieren lassen!) hörte er Speggfuß Friedl in Gedanken. Hermonn atmete tief durch und dachte ganz fest an seinen Bruder, ‘s Hembelsche. Er hörte sein Lachen, spürte seine kleinen Sticheleien und fühlte die unendliche Liebe zu ihm. Hermonns Körper entspannte sich. Die Erlebnisse in der Höhle der Ahnen stiegen in ihm auf. Er erinnerte sich wie‘s Hembelsche und er das Gebet zusammen sagten. Er erinnerte sich, wie ergriffen er war, als ‘s Hembelsche die fehlenden Zeilen ergänzte und seine Augen dabei leuchteten. Die Erinnerung wurde so stark, als würde es gerade noch einmal passieren, dass Hermonn den Text einfach so mit em Hembelsche in Gedanken mitsprechen konnte, ohne sich anstrengen zu müssen. Fefi kam aus dem Staunen überhaupt nicht mehr raus. Für ihre Augen war nur sichtbar, dass Hermonn sich allem Anschein nach konzentrierte und ganz bei sich war. Sie sah keine Erinnerungen oder Erlebnisse von Hermonn. Hermonn‘s Pfote schrieb von ganz alleine den Text in das besondere Buch. Der Vorgang war derselbe, wie bisher erlebt. Hermonn bemerkte zuerst, wie die Farben verblassten, ihm fiel sein Atem auf, mit dem er den Vorgang durch einen tiefen Seufzer abschloss. „So, ferdisch!“ stellte er emotionslos fest und schaute Fefi an.
„Isch ded dir des gern gonz vorläse!“ (Ich würde es dir gerne im Ganzen vorlesen!) sagte Hermonn.

„Ou! Ish ded's a oig gern hern!" (Ach ich würde es auch gerne hören!) sagte Fefi.
Hermonn las die Zeilen vor.

Hermonn klappte das Buch zu und steckte den Verschluss, der das Buch zusammenhielt in die dafür vorgesehene Verriegelung.
„Obschließe!" sagte sie, wie es eine Mutter tat und lächelte seltsam.
Fefi setzte sich zu Hermonn an den Tisch. Bisher hatte sie alles im stehen hinter Hermonn beobachten können. Sie wollte nicht stören oder Hermonn ablenken, deshalb kam sie erst jetzt näher zu ihm heran. „ Isch denk, mer kenne jetz minonner babble, im wos es geht." sagte Fefi ernst und doch sehr warm. Sie war sehr beeindruckt von den Worten, die Hermonn in das Buch geschrieben hatte und über die Art und Weise, wie es Hermonn vorlas.
„Onscheundend schun."
(Es sieht ganz danach aus.) sagte Hermonn etwas unsicher, der es nicht gewohnt war, in so einer Angelegenheit mit seiner Mama zu sprechen.
„Isch bass uff die Gebäde vun unseren Familie uff. Die stehn do all in dem Buch drin. Jedi Familie hod ehr eigene Sache, die se leese misse. Deshalb hod jedi Familie a ehr eigene Gebäde."
(Ich hüte die Gebete unserer Familie. Sie stehen alle in diesem Buch drin. Jede Familie hat ihre eigenen Sachen, die sie lösen müssen im Leben. Deshalb hat jede Familie ihre eigenen Gebete.) sagte Fefi.

„Es geht wenischer um die Gebäde sälwer. Velmehner geht's do drim, wos so e gebäd mid om machd. Mama's hüde des Gehoimis vun de Hoffnung unn em Vetraue dodruff, dass alles werrer gud wäd."
(Es geht beim Beten weniger um die Gebete selbst. Vielmehr geht es darum, was ein Gebet mit einem macht. Mütter hüten das Geheimnis der Hoffnung und dem Vertrauen darauf, dass alles wieder gut wird.) fuhr Fefi mit ihren Erklärungen fort. Sie lächelte.

„Des stimmd. Des häb isch misch schun immer g'fregd, wie des geht?" kicherte Hermonn. „Egal wos es wor, isch häb misch in deu Kiddelschätz vegroche unn häb gewisst, äjendwie wärd's werrer gud."

(Das stimmt. Ich habe mich schon immer gefragt, wie das geht? Egal was es war, ich habe mich so gerne in deiner Kittelschürze verkrochen. In deinem Schoß hab ich immer wieder das Gefühl bekommen, dass alles Gut wird.) jetzt lachte Hermonn von ganzem Herzen.

„Waßd du Moma, wos isch immer gedengd häb?"
(Weißt du Mama, was ich immer überlegt habe?) fragte Hermonn seine Mama lachend.
„No wos donn?" (Nein, was denn?) hakte Fefi neugierig nach.

„Isch häb immer gedengd, dass deu Kiddelschätz zaubern konn. Egal wos isch gebraucht häb, du hads des immer in de Kiddelschätz drin. E stigg Gorddel, e Dascheduch, mol e Badderie, e Klommer, es Kneibsche, Blummesome, e Klonischkeid sem esse?! Unn wenn isch e mol greune häb misse, hod die Kiddelschätz noch frischem Ebbelkuche geroche. Gonz dief häb isch misch vegrowe unn bin gonz gonz ruhisch worn."
(Ich habe immer überlegt, dass deine Kittelschürze zaubern kann. Egal was ich gebraucht habe du hattest es immer in der Kittelschürze drin. Ein Stück Schnur, ein Taschentuch, eine Batterie, eine Klammer, ein Messer, Blumensamen, Kleinigkeiten zum Essen?! Und wenn ich traurig war und weinen musste, roch deine Kittelschürze nach frischem Apfelkuchen. Ich habe mich ganz tief eingegraben und konnte mich beruhigen.) überlegte Hermonn kopfschüttelnd.

„Des is zwar ko Gehoimnis, äwwer isch verrod trotzdem net warim isch immer s rischdische debei kad häb!"
(Das ist zwar kein Geheimnis, aber ich verrate trotzdem nicht, warum ich immer das Richtige dabei hatte!) machte sich Fefi geheimnisvoll und freute sich, dass auch sie eine Art magische Fähigkeiten besitzt.

Sie ging näher zu Hermonn und fragte leise: „Woher waßd du donn, wie unser Gebäd weider geht? Des is wos gonz b'sonderes und seid eunische hunnerd Johr net weirer gschrewwe worn!"

(Woher weißt du wie unser Gebet weiter geht? Das ist etwas ganz Besonderes und seit vielen hundert Jahren nicht weitergeschrieben worden!) betonte sie.

Hermonn dachte nach, ob er es Fefi seiner Mama erzählen konnte. Hielt sich dieses mal aber selbst an, nicht zu viel mit dem Kopf zu überlegen, sondern die Antwort in seinem Herz zu suchen. Da begann sein Schlüssel leicht rosa zu glimmen. Erstaunt beobachtete Fefi den Vorgang.
„Isch wor drunne Mama. In der dunkle Hehl wo all unser Vorfahre worn, … orrer sin? Also zumindest häb isch all minonner g'säje, die zu unsere Familie gehern und do im Modautal e Gehoimnis gehiid häwwe. Gonz om Enn hinne wor unser Hembelsche bei de Oma unn em Oba. Net sem Glawe. Der klone Kerl hot's gewissd wie's weirer geht."

(Ich war unten, Mama. In dieser dunklen Höhle in der alle unsere Vorfahren waren, … oder sind? Ich habe sie alle miteinander gesehen, die zu unserer Familie gehören und hier im Modautal ein Geheimnis gehütet haben. Ganz am Ende, bei Oma und Opa da stand unser Hembelsche. Nicht zu fassen. Der kleine Kerl hat gewusst, wie unser Familiengebet weiter geht.) sagte Hermonn etwas stockend weil er doch wieder etwas traurig wurde.

Fefi sagte lange nichts und blickte ins Leere. Bis sie schließlich Luft holte "Bäde haßt, dass mer sich wie in Vetraue bettet, dass des eutrifft worum mer bittet. Es sin nur Bärnmütter, die's Buch fer die Gebäde hiede. Weil mer zu de Mamas unn de Omas kimmd im soi Herz aus schidde, weil mer glabd, vetraud, dass die den Zauber häwwe defer se soije, dass es werrer gud wärd."
(Beten heißt, dass man sich in Vertrauen bettet, dass das eintrifft worum man bittet. Es sind nur Bärenmütter, die das Buch der Gebete hüten. Weil andere zu uns kommen, uns vertrauen und uns Mütter und Omas ihr Herz ausschütten. Wir geben denen, die zu uns kommen, von innen her den Glauben und das Vertrauen, dass alles wieder gut wird.) erklärte Fefi.

„Konn mer des so soche? Dass wenn mer sich wärklisch wos wünschd, wenn mer bäd, dass des vumm Herz kimmt?"
(Kann man das so ausdrücken, dass ein Gebet aus tiefstem Herzen kommt, wenn man betet?) wollte Hermonn wissen.
„So is des. Wenn mer sich so oig wos wünschd, unn ofengt se bäde segd mer wie vun sälwer: bidde mach dass … Es git äwwer Sache, die konn mer sisch noch se oig wünsche, die kenne ofch net meh in Erfüllung geh. Donn hilft's bäde trotzdem. Weil mer dodedosch en Wäg finnt, wie's weirer geht!"
(Genau so ist das. Wenn man sich so sehr etwas wünscht, und das Gebet damit beginnt: Bitte mach dass … dann kommt es aus tiefstem Herzen. Es gibt aber bestimmte Dinge, die man sich noch so sehr aus tiefstem Herzen wünschen kann, sie können einfach nicht mehr in Erfüllung gehen. Aber genau dann hilft das Beten trotzdem. Weil man durch das Beten einen Weg findet wie es weiter geht!) sagte Fefi, die zum Ende ihres Satzes einen Kloß in den Hals bekam. Ihr fiel das Reden schwer. „Weil mer durschs Bäde en Wäg find, wie's weider geht …!" wiederholte Hermonn.
„Moma?" forderte Hermonn seine Mutter auf sie anzuschauen und ihren traurigen Blick zu sich zu holen. „Moma!" sagte er nochmals bestimmt. Fefi riss sich von dem Familienbild los und schaute Hermonn an. Ihr lief eine dicke Träne die Wangen runter.
„Gu'mol! Des is fer disch!"
(Schau mal! Das ist für dich!) sagte Hermonn, der sich sicher war, wie nie zuvor, das Richtige zu tun. Er schob seiner Mama den vergilbten kleinen Umschlag über den Holztisch, in dem es etwas raschelte. Als Hermonn seine Pfote hob konnte man in alter Schrift lesen: An unser Hembelsche.
„Heilsicher Bim Bom! Wo host'n denn her?" stotterte Fefi.
„Isch häb doch g'sod isch häb unser Hembelsche getroffe!"
(Ich sagte doch bereits, dass ich unser Hembelsche getroffen habe!) protestierte Hermonn.
„Du konnst des net wisse, Buu! Des is der Umschlog, in dem vum Woldhoini unn mer en Brief on unsern Kloone wor. Do hämmer alles uff g'schrewwe wos merm noch soche wolde unn nem'meh gekennt häwwe. Unn jetz schlaafsd du den Umschlog o!"

(Du kannst das nicht wissen, Junge! Das ist der Umschlag, in dem Waldheini und ich einen Brief an unseren Kleinen geschrieben haben. Wir haben alles aufgeschrieben und gesagt, was wir ihm nicht mehr sagen konnten. Und jetzt tauchst du mit dem Umschlag auf!) sagte sie und wusste nicht, ob sie sich freuen oder weinen sollte.
„Also, isch häb den krigt, weil do wos drin is, wos mer vor unserne Hehl seje solle. So hod'ders g'sod."
(Also, ich habe ihn von ihm bekommen, weil in diesem Umschlag etwas drin ist das wir vor unserer Höhle sehen sollen. Zumindest hat er es so gesagt.) erklärte Hermonn. Mittlerweile zweifelte er doch etwas, ob es richtig war, seine Mutter damit durcheinander zu machen.
„Kumm Mama, mer gehen nauß und dunn's emol seje! Wos mons'de?" (Komm Mama, wir gehen mal nach draußen und sähen es. Was meinst du?) ermunterte Hermonn Fefi. Ärgerlich verzog Fefi ihr Gesicht. „Wos soll des?" (Was soll das?) fragte sie in scharfem Ton.
„Mama! Wie hos'd de g'sod vorhin? Weil mer dorsch's Bäde en Wäg finnt, wie's weirer geht! Alla, do nemmen a o!" (Mama! Wie hast du es vorhin so schön ausgedrückt? Weil man durch das Beten einen Weg findet, wie es weiter geht. Also bitte, dann nehme ihn auch an!) sagte Hermonn bestimmend. „Gugg doch ofach mol wos bassierd? (Schau doch einfach mal was passiert.) fuhr er fort. „Gut, wonn de monst. Äwwer e Jäggsche hol isch mer noch fer drauß. Moi Fell werd immer dinner. Des wor mol digger!" (Gut, wenn du meinst. Aber ich hole mir noch ein Jäckchen für draußen. Mein Fell wird immer dünner. Das war definitiv mal dicker.) sagte Fefi etwas zynisch doppeldeutig. Sie hatte über den Tod von ihrem Hembelsche nie großartig mit jemandem gesprochen. Es war ihr unangenehm und sie verschaffte sich etwas Zeit zum Verschnaufen für sich, als sie ihr Jäckchen aus dem Hinteren der Höhle holte. „So." sagte sie knapp mit dem angezogenen Jäckchen und dem Umschlag in der Pfote.
Vor der Höhle saßen überraschenderweise Speggfuß Friedl und Waldheini.
Überrascht schauten sie sich alle an.
„Weirer sin mer net kumme! Mach wos dro!" (Wir sind nicht weit gekommen. Daran kann man nichts machen.) sagte Speggfuß Friedl.

Waldheini schaute Fefi an. „Wos is donn bassiert?“ (Was ist passiert?) fragte er etwas irritiert.
Fefi hob den Umschlag hoch. Waldheini machte große Augen. „Hä?“ fragte er auf den Punkt.
Hermonn erzählte ihm von seinen Erlebnissen in der Höhle und der Begegnung mit em Hembelsche. „Hä?“ fragte er danach noch einmal.
„Do sin Some sem seje im Umschlog, Woldhoini!“ (In diesem Umschlag sind Samen zum Einsähen drin, Waldheini!) versuchte Speggfuß Friedl eine Zusammenfassung zu machen.
„Wo he om besde, Moma?“ (Wo soll ich sie am besten hinsähen?) fragte Hermonn, um einfach mal weiter zu machen. Fefi hatte in der Zwischenzeit die Gelegenheit sich zu fassen. Sie ging ein paar Schritte zum Blumenbeet vor der Höhle und sage: “Do is e schee Plätzje!“ (Hier ist ein guter Platz!)
„Därf isch?“ fragte Speggfuß Friedl und bat darum, den Umschlag zu öffnen. „ So konn isch jedem vun eisch e poor Some in die Hond gäwwe, dass jeder wos defu hod.“
(Auf diese Weise kann ich jedem von euch ein paar Samen in die Hand geben, dass jeder etwas davon hat!) erklärte Speggfuß Friedl. Hermonn schaute ihn neugierig an. Er wusste ja, was für ein Bezug er zu Pflanzen hatte. Hermonn nickte vertrauensvoll. Speggfuß Friedl teilte die Samen gerecht in alle Pfoten auf sodass jeder, Waldheini, Fefi und Hermonn gleich viele bekamen.
Nacheinander ging jeder auf seine Weise an den Platz, den Fefi zur Einsaat ausgesucht hatte und sähte die kleinen Kerne in die Erde. Alle traten ein paar Schritte zurück. Speggfuß Friedl ging an allen vorbei und zwinkerte Hermonn zu. Er stellte seine Füße hüftbreit auseinander vor das Blumenbeet, rieb sich die Hände und schloss die Augen. „Aha! Der hilft dene Kern, dass se gut uff gehen.“ (Er hilft den Samen, dass sie gut keimen!) stellte Waldheini fest.
Speggfuß Friedl schloss sein Ritual ab, öffnete seine Auge und sagte: „So, jetz häm mer‘s! Do missd ehr net se long worde ehr Bärn.“
(So, das wäre geschafft, dass ihr mit Bären nicht so lange Warten mpsst)
Er reihte sich bei den anderen ein und blickte auf das Beet.
„Gu‘mol Hoini!“ (Schau mal Heini!) schubbste Fefi Waldheini in die Seite.

„A isch glab's net!" (Ei das kann ich nicht glauben!) stieß Waldheini hervor.
Hermonn war in der Zwischenzeit einiges gewohnt und begann vor lauter Freude zu hüpfen.
„S wexd wos, s wexd wos!" (Dort wächst etwas, dort wächst etwas!) rief er.
Voller staunen beoachteten sie die heranwachsenden Pflanzen, die an ihren vielen Stängeln kleine Knospen trugen. Speggfuß Friedl machte mit der rechten Hand eine fuchtelnde Bewegung und die ersten Blüten öffneten sich. Fefi war ganz gerührt und ergriffen.
„Ou, die kenn isch noch net, die Blimmschen!" (Diese Blumen sind mir nicht bekannt!) gab Hermonn zu. „Du wärst' se net me vegässe wie die haße, do wedd isch mid der!" (Du wirst im Leben nicht mehr vergessen, wie die heißen, da wette ich mit dir!) freute sich Waldheini und war ebenso ergriffen wie Fefi. „Vergiss' moi'nischd!" (Vergiss mein nicht!) sagte Fefi leise, aber gerade so laut, dass es alle verstanden. „Spegg-daguläär!" (Speggtakulär!) enfuhr es Speggfuß Friedl.
„Isch wär veriggd! Em Oscheun no find mer net ner en Wäg wie's weirer geht, de Wäg find om sälwer dorsch bäde!"
(Allem Anschein nach findet man nicht nur den Weg, sondern der Weg des Betens findet einem selbst) sagte Hermonn, der jetzt ganz bestimmt wusste, das Richtige getan zu haben.
„Des is unser Hembelsche! waß sich se helfe, das'ser net vegesse geht! Die woxe im Friehjor iwwerol und wenn mer die Omol im Gorde hod, sin se immer do, weil se sich wie will aussejhe dunn!" (Das ist die Handschrift unseres Hembelsches! Weiß sich zu helfen, dass er ja nicht vergessen geht! Die wachsen im Frühjahr überall und wenn man die einmal im Garten hat sind die immer da, weil sie sich wie wild aussähen!) schüttelte Fefi den Kopf über ihren Kleinen.

* * *

26. De rischdische Platz

Omol im Läwe finnd mer soin Platz,
donn hot mer gfunne, soin persönlische Schatz.
Quiddegääl wersd de donn leischde,
a ohne große Fieß, dess muss isch der beischde.
Glab on disch unn dass die Welt uff disch wort,
so sicher wie en Zwerg hot en Bort.
In jedene Weisheit stegg a Humor,
nemm's Läwe net se ernst, glabmers s is wohr.

Manfred und Hermonn saßen in ihrem Steinbruch.
„Soch em mol Hermonn, warim bist'n du net drowwe in Neikersche geblewwe?"
(Sag mal Hermonn, warum bist du nicht oben in Neunkirchen geblieben?)
„Weil isch do hunne se frere bin!"
(Weil ich hier unten zufrieden bin!) sagte Hermonn.
Manfred schaute Hermonn fragend an. „Du hadsd doch immer so Homweh kat?"
(Du hattest doch immer solches Heimweh?) hakte Manfred nach.
„Ja, des stimmd. Es is äwwer veel bassierd. Unn die Habsach is, dass isch gemerggd häb, dass isch do hunne a de Hom bin. So weid weg is des gor net. Isch häb gemärggd, dass isch nuff konn wonn isch will.
So bleed des a klinge mog, mer dunn die Sto unn des weid Gugge kenne besser, wie de gonze Doog im griine Wold se hogge. Isch konn do hunne besser schnaufe."
(Ja, das stimmt. Es ist in der Zwischenzeit viel passiert. Die Hauptsache ist, dass ich gemerkt habe, ich bin hier zu Hause. So weit weg ist Neunkirchen nicht, ich kann ja immer hoch, wenn ich möchte.

So komisch wie das auch klingen mag, aber mir tut der Steinbruch und die Aussicht gut. Es geht mir hier besser, als den ganzen Tag die vielen Bäume vor mir zu haben. Ich habe das Gefühl, dass ich keine Luft bekomme.) erklärte Hermonn.
„Ko Lufd krieje? Im Wold?“ (Du bekommst keine Luft! Im Wald) fragte Manfred sichtlich irritiert.
Hermonn seufze. „Ach es is mer se eng. Unn a se kold.“ (Ach was soll ich dir lange erkläre! Mir ist der Wald zu eng und auch zu kalt.) sagte Hermonn knapp.
„Se eng? De Neikärscher Wold?! No, jetz schleegds äwwer dreizeh!“ (Zu eng? Der Neunkirchner Wald ist zu eng?! Na, das schlägt dem Fass den Boden aus!) protestiere Manfred, der die Weiten des Neunkirchner Waldes über alles liebte.
Hermonn grinste, „Du wärsd‘s net erläwe, dass isch den gonze hokuspokus so ausdrigge konn, wie des de Speggfuß Friedl machd. Isch bin unn bleib en Bär aus‘m Orewold. Aus dem schenschde Stigg Wold, den isch kenn. Glab net, dass isch des bees mon, wenn isch sog, isch krig ko Luft.
De Speggfuß Friedl hot mer doch den Sunneblumme kärn gäwwe.“
(Du wirst es nicht erleben, dass ich die ganze Magie so ausdrücken kann, wie es Speggfuß Friedl macht. Ich bin und bleib ein Bär aus dem Odenwald. Aus dem schönsten Stück Wald, den ich kenne. Glaube bitte nicht, dass ich das böse meine, wenn ich sage, ich bekomme in dem Wald keine Luft. Speggfuß Friedl gab mir doch einen Sonnenblumenkern!) erklärte Hermonn.
Manfred nickte.
„Als isch den in die Poode genumme häb, häb isch g‘säje wie aus dem Kärn e klo Plenzje worn is, donn e großi Sunneblumm, wo Schmedderling, Biene dro worn und nochher die Vejel die Kärn obbgepiggd häwwe. Donn is die Blumm ob‘gstorwe. Es sin äwwer a e poor gonze Kärn uff de Borrem g‘falle, die nexd Johr werrer naje Blumme gäwwe. Unn die Sunneblumm hot sisch immer mid de Sunn midgedreht. Mojens o‘gfonge unn owends hod se uffgeherd sisch se drehje.

Vestehsd de Monfred? Des wor ned im Wold. E Sunneblumm wexd nur iwwer alle Kepp, wo die Sunn he kimmt. Im Schäre wexd die, geht uff, wärd äwwer ner so en klone Dommerl."
(Als mir Speggfuß Friedl den Sonnenblumenkern in meine Pfoten gelegt hat, habe ich gesehen, wie sich aus diesem Kern eine kleine Pflanze entwickelt hat. Aus dem Pflänzchen wuchs eine große Sonnenblume, die Insekten genährt hat. Im Frühherbst kamen die Vögel und haben sich an den Kernen satt gefressen. Ich konnte beobachten, wie sich die Sonnenblume Tag für Tag mit dem Verlauf der Sonne gedreht hat. In der Nacht war Ruhe, sie blieb still. Eine Sonnenblume wächst im Wald nicht. Sie geht auf, blüht im besten Fall, aber entfaltet dort nicht ihr ganzes Potenzial, das ihr zur Verfügung stehen würde. Eine Sonnenblume wächst über sich hinaus und kann einen ganzen Sommer lang den Kreislauf der Natur unterstützen. Das Leben. Bis sie im Herbst abstirbt. Dann sind jedoch ein paar Kerne in den Erdboden gefallen, aus denen nächstes Jahr Sonnenbumen wachsen mit aberhundert Kernen.) erklärte Hermonn in seinen Worten.
Interessiert hörte Manfred zu. Bis er stutze und Hermonn mit großen Augen betrachtete.
„Liewer Herr Xsongsveeun! Du bist so Quiddegääl wie e Sunneblumm un pink wie e rosa Mobbed!" entfuhr es Manfred, dem es wie Schubben von den Augen fiel!
Hermonn begann von ganzem Herzen und aus tiefster Seele zu lachen, er nickte dabei und grölte
„A Monfred! Du waßd jo! Alles wos vun Bedeidung im Orewold is, is quiddegääl!" lachte Hermonn und nickte voller Freude noch mehr. Es kam unerwartet, weil es schon eine Weile her war, doch tatsächlich ploppten hie und da die ersten pinken Glitzerwölkchen auf und die ersten Takte des Drollgruuf waren zu hören. Hermonns Beine und Arme bewegten sich rhythmisch im Takt. Und er lachte was das Zeug hielt.
„Heilischer Bimm Bomm!?" entfuhr es Manfred mit großen Augen.
Hermonn verzog genüsslich sein Bärengesicht zu einem freundlichen Lachen mit geschlossenen Augen. Es war offensichtlich, dass er bei sich angekommen war und soviel Glück spürte, dass der Drollgruuf seinen Lauf nahm. Seine Bewegungen gingen nicht mehr wie von selbst, sondern er hatte Freude daran sich bärengeschmeidig zu bewegen und

neue Bewegungen zum Rhythmus der Musik zu versuchen. Hermonns Lebensfreude war regelrecht ansteckend. Manfred hatte insgeheim immer Angst sich lächerlich zu machen und war deshalb immer beherrscht. Aber nun konnte er nicht anders. Hermonns Tanzen und Freude schufen eine Atmosphäre der Sicherheit, sodass Manfred einfach mitmachte.

Möge unser Herrmann, der Tänzer der Herzen in seinem Steinbruch, die Herzen der Modautaler hüten und beschützen.
Möge er jedem Menschen helfen seinen Weg zu finden, wenn er nicht mehr weiß, wo sie den Schlüssel zu seinem Herzen auf der Reise des Lebens verloren hat.
Möge der Eingang zur Höhle unseres kleinen Königs der Herzen für alle zugänglich sein, und mögen alle, die ihn suchen bei sich selbst im Herzen entdecken und behalten.

Wenn man möchte kann man jeden Menschen auf Granit beißen lassen, und …
… wenn man möchte kann man jeden Menschen einen guten Abdruck in seinem eigenen goldenen Herzen erlauben.

* * *

Bianca Bauer

Dort wo sich im Modautal Fuchs und Hase „gute Nacht“ sagen, ist die Heimat und Wurzeln von Bianca Bauer, geboren im Jahr 1977. In einem kleinen Dörfchen wuchs sie mit dem Orewäller-Dialekt, dem Wald, den Wiesen, den Tieren, und ihrer Familie mit mehreren Generationen auf.
Ihr Herz schlägt für den Zauber der Fülle der Natur, ihre beständigen Veränderungen, die Wechsel der Jahreszeiten, die Themen des Jahres und der Rauhnächte. Bianca Bauer gibt ihre Erfahrungen und das Wissen mit Hingabe auf unterschiedliche Art und Weise weiter.

www.experience-shine.de

Nadja Weiser-Brandt

Entwirft und näht in ihrem Atelier Petit nach eigener Idee die märchenhaften Bären selbst.
Für ihre Kreativität wurde sie mit bedeutenen Preisen ausgezeichnet.

- TED worldwide 1. Platz (King Luis alias Hermonn)
- Euroteddy Publikumspreis 3. Platz (Waldheini)
- Dangaster Teddy Open Air 1. Platz
- Dangaster Teddy Open Air Puplikumspreis 1. Platz
- Gläserner Teddybär 2. Platz

www.atelierpetit.de

Fotografien von Eva Speith • www.lichtbildatelier.de